FRAGILES LIBERTÉS

JEAN-MARC BERTHON

FRAGILES LIBERTÉS

Les droits des LGBT+ dans le monde :
révolutions et contre-révolutions

BERNARD GRASSET
PARIS

Photo de couverture : Anton Vaganov/Reuters.

ISBN 978-2-246-84337-5

Publié en accord avec l'Agence littéraire Rubinstein, Paris.

À ma mère

« La guerre contre l'intelligence se mène toujours
au nom du bon sens. »

Roland BARTHES

INTRODUCTION

Ce livre est le récit d'une traversée. De l'Europe à l'Amérique en passant par l'Afrique et l'Asie, il explore la condition LGBT+[1] de ce début de XXIe siècle. Entre révolutions et contre-révolutions, espoir et amertume, il raconte les victoires et les échecs de l'un des plus fulgurants mouvements d'émancipation de notre modernité.

Dans quels pays les personnes LGBT+ peuvent-elles vivre en toute liberté ? Où sont-elles condamnées à se cacher et à se taire ? Quels sont les régimes qui les pourchassent, les incarcèrent, parfois les condamnent à mort ? Pourquoi leurs droits progressent-ils en certains endroits de la planète alors qu'ils reculent dans d'autres régions du monde ? Quelle est l'ampleur de l'actuel raz de marée réactionnaire ?

---

1. Les pouvoirs publics français utilisent le sigle « LGBT+ » pour désigner la diversité des orientations sexuelles et identités de genre. Ce sigle recouvre les termes suivants : lesbienne, gay, bisexuel, trans. Le « + » qui lui est accolé permet d'inclure d'autres catégories de personnes, notamment les personnes intersexes et les personnes non binaires.

Ce livre dessine le tableau d'un monde fracturé et polarisé par les libertés sexuelles et de genre. Hanté, après des décennies de progrès, par le retour du conservatisme. Un monde dans lequel, en quelques années, la question LGBT+ est devenue une question globale, l'une des plus inflammables de la société internationale. L'une de celles qui cristallise, avec le plus d'intensité, l'opposition entre les démocraties et les régimes autoritaires.

Les personnages principaux de ce récit sont les militants, les avocats, les intellectuels, les artistes, les leaders politiques et religieux, les simples citoyens engagés sur les cinq continents pour les droits des personnes LGBT+. Immergés dans des histoires et des cultures différentes, ils ne donnent pas tous le même sens à leur combat. Mais tous partagent une même conviction : chaque individu doit pouvoir décider librement de sa propre vie. Chacun a un droit absolu sur son propre corps, qu'aucune puissance ne peut lui disputer.

Cette conviction en accompagne une autre : la bataille pour le respect des droits et de la dignité des personnes LGBT+ est l'affaire de tous. Elle engage notre humanité commune. Elle est inséparable du combat plus général pour l'émancipation de la personne humaine. Ne croyons pas que nous puissions détourner le regard. Que nous puissions faire progresser les droits dans notre pays en fermant les yeux sur ce qu'il se passe hors de nos frontières. Laissons faire le mouvement rétrograde des droits et des libertés, et c'est chez nous que reviendra le temps de la peur et de l'intimidation.

Une planète aux deux tiers hostile

Point de presse quotidien du Quai d'Orsay, le 8 juin 2023. Devant les journalistes étrangers en poste à Paris, la porte-parole passe en revue l'actualité de la diplomatie française. Il est convenu, à l'issue de ce tour d'horizon, de me donner la parole. L'objectif est de présenter la mission, inédite, qui m'a été confiée : défendre les droits des personnes LGBT+ dans le monde. Au moment où je me présente au pupitre, les deux tiers de la salle se lèvent ostensiblement et se dirigent vers la sortie. C'est le cas, en particulier, de la quasi-totalité des journalistes d'Afrique et du Moyen-Orient, pourtant très assidus à cet exercice de communication officielle.

Deux tiers ! C'est la proportion de la communauté internationale où il ne fait pas bon être LGBT+[1].

---

1. Voir le site https://www.equaldex.com qui montre, à travers diverses cartes actualisées, la façon dont les différents pays de la planète traitent la question LGBT+.

Dans plus de soixante pays, soit un tiers des États de la planète, l'homosexualité, et parfois la transidentité, sont tout simplement hors la loi. Le droit y pénalise les relations entre personnes de même sexe. Les homosexuels y sont jetés en prison, soumis à des châtiments corporels ou à de fortes amendes. Dans une douzaine de pays, l'arsenal de sanctions comporte même la peine de mort, et dans cinq d'entre eux, la peine capitale est exécutée. C'est le cas en Iran où, quelques semaines avant ma prise de fonctions, en 2022, deux hommes ont été pendus pour la seule raison qu'ils étaient gays. Ils s'appelaient Mehrdad Karimpour et Farid Mohammadi. Les États qui ainsi criminalisent les personnes LGBT+ se trouvent au Moyen-Orient et en Afrique, quelques-uns dans l'espace Asie-Pacifique, dans le monde post-soviétique et la région Amérique centrale-Caraïbes.

L'interdiction légale de l'homosexualité y contraint les personnes LGBT+, presque toujours rejetées par leur famille et leur milieu social, à une vie d'opprobre et de clandestinité. Elles sont traquées, persécutées, brutalisées, humiliées, à la merci permanente de lynchages, dénonciations et chantages crapuleux. Elles n'ont guère d'autres choix, pour peu qu'elles veuillent échapper à la violence ou à la prison, que de vivre cachées ou de prendre le chemin de l'exil.

L'enfer vécu par Shakiro, influenceuse camerounaise avec laquelle j'entre en contact dès ma nomination, est malheureusement représentatif de cette tragédie qui touche des millions de personnes à travers le monde. En février 2021, à Douala, celle qui dit être « une femme enfermée dans un corps d'homme » est arrêtée par la police pour la seule raison qu'elle se promenait dans la rue habillée en femme et sans carte d'identité. Elle est accusée d'attentat à la pudeur et de tentative d'homosexualité. Elle écope de la peine la plus lourde : cinq ans. En prison, elle est enchaînée, battue, violée. Contrainte de payer des sommes démesurées pour adoucir son sort. Défendue par Alice Nkom, première femme avocate au Cameroun et grande défenseuse des LGBT+, elle obtient une libération conditionnelle.

Mais à peine est-elle sortie qu'elle fait l'objet d'un lynchage public. En août 2021, elle est tirée d'un taxi avec son amie Patricia. Pendant une demi-heure, elle est déshabillée, démaquillée, insultée, menacée de mort, rouée de coups. Ce passage à tabac est filmé et la vidéo livrée en pâture aux réseaux sociaux, suscitant des torrents de haine. Shakiro décide alors de s'exiler. Elle choisit le pays voisin, le Nigeria, dont on lui dit qu'il offre aux personnes LGBT+ une vie plus décente. Très vite, elle déchante. Le Nigeria n'est pas plus amical avec les minorités sexuelles. Surtout, son visage est désormais connu. Elle est donc en danger. Pendant un an, elle est contrainte de vivre cachée, terrée dans des abris de fortune. Son projet est désormais de rejoindre l'Europe ou l'Amérique du Nord. Un jour, elle donne des milliers d'euros à un passeur qui lui fixe rendez-vous le lendemain dans un hôtel pour partir à l'aéroport. Il ne viendra jamais. Il s'est volatilisé, avec le pactole amassé par Shakiro. Aidés par de nombreux acteurs associatifs et diplomatiques, nous nous mobilisons pour qu'elle rejoigne l'Europe par les voies légales. Shakiro finira par trouver asile à Bruxelles où elle cherche aujourd'hui à se reconstruire. Dans le café parisien où je lui ai donné rendez-vous, à l'été 2024, elle me dit qu'elle projette de devenir avocate ! Avocate, pour défendre ses frères et sœurs accusés comme elle de crimes imaginaires.

Dans un autre tiers de la planète, une soixantaine de pays, la situation n'est guère plus enviable. L'homosexualité et la transidentité n'y sont pas interdites, mais les personnes LGBT+ y sont réprimées. Elles font face, peu ou prou, aux mêmes préjugés, à la même stigmatisation sociale. Et rien ne les protège du déchaînement de violence et de haine. Au contraire, l'État, qui devrait leur offrir une protection, attaque systématiquement leurs libertés fondamentales. Il s'en prend en particulier à leur liberté d'expression, de réunion, d'association. Impossible dans ces pays de mentionner dans l'espace public son orientation sexuelle ou son identité de genre. De se réunir publiquement ou de manifester. Ou encore de créer une association, si ce n'est sous une fausse raison sociale. Tout se passe comme si l'État, à défaut de prohiber les sexualités minoritaires, s'employait à les faire passer sous le radar, à les rendre invisibles. En somme, l'homosexualité et la transidentité y sont plus ou moins tolérées, mais tout est fait pour contenir leur supposé développement et en « protéger » la société.

Cette situation de semi-légalité, ou de minorité réprimée, est la condition des personnes LGBT+ en Russie et dans la plus grande partie de l'espace post-soviétique, dans la plupart des États d'Asie, en particulier en Chine, dans quelques pays d'Amérique centrale ainsi que dans la moitié de l'Afrique qui ne pénalise pas juridiquement les relations homosexuelles. La Russie de Poutine, qui s'est engagée dans une violente croisade anti-LGBT+, est emblématique de cette catégorie de pays. Elle ne criminalise pas l'homosexualité et la transidentité, mais s'est dotée d'une législation extrêmement répressive. En 2022, une loi a ainsi interdit d'évoquer les questions LGBT+ dans la vie publique. En 2023, des dispositions législatives ont mis fin à la reconnaissance de la transition de genre. Un an plus tard, le mouvement LGBT+ a été déclaré « extrémiste » par la Cour suprême, conduisant les autorités à interdire toutes les actions sociales et associatives des communautés. En parallèle, le Kremlin développe depuis la guerre contre l'Ukraine un narratif très agressif faisant des personnes LGBT+ des ennemis de la nation. Il s'est doté d'outils sophistiqués pour les surveiller et se serait engagé, selon les médias russes indépendants, à remettre au goût du jour la psychiatrie punitive qui avait cours contre les dissidents à l'époque soviétique.

De toutes les régions de la fédération de Russie, la pire est sans conteste la Tchétchénie. La description que m'en font les leaders de l'ONG North Caucasus en février 2025 est apocalyptique. L'ancienne Pussy Riot Lucie Shtein et son camarade David Isteev, dont le courage illumine le film *Bienvenue en Tchétchénie*, sont alors de passage à Paris. Dans mon bureau, où je les reçois avec un représentant de l'Inter-LGBT+, nous parlons de la « purge homosexuelle » de 2017 qui avait créé une onde de choc dans le monde entier. Des dizaines de personnes avaient alors été raflées et assassinées. Un crime qui à ce jour reste impuni. Lucie et David, qui sont reconnaissants à la France de son rôle pour exfiltrer certaines victimes, m'expliquent que la persécution se poursuit à bas bruit dans cette république du Caucase où se mêlent l'homophobie d'État de la Russie et la tradition sordide des crimes d'honneur. La police continue d'y arrêter systématiquement les personnes LGBT+. Elle les torture pour leur extorquer les noms d'autres membres de la communauté, ce qui entraîne des arrestations en chaîne. Leur supplice terminé, la police livre ensuite les malheureux à leur famille qui, pour laver « l'honneur » du clan, les font disparaître. Quand elles échappent à ces crimes, insistent mes hôtes, les personnes LGBT+ risquent d'être envoyées dans des « centres de réhabilitation » où elles sont soumises à des traitements inhumains. D'après eux, le régime de Kadyrov aurait même inventé une nouvelle forme de torture depuis la guerre en Ukraine. Certains gays tchétchènes seraient envoyés à l'arrière du front pour servir d'esclaves sexuels à la soldatesque russe.

Il ne reste au fond qu'un tiers de l'humanité, environ soixante-dix pays, pour offrir aux personnes LGBT+ une vie décente, la liberté d'être elles-mêmes, l'espoir d'une véritable égalité. Ces pays gay-friendly, ce sont bien sûr les démocraties, où la loi de la majorité s'accompagne d'une garantie des droits pour tous les individus et pour les minorités. Ils se concentrent en Europe, en Amérique du Nord et du Sud. Mais ce sont aussi l'Afrique du Sud et les pays de son environnement régional, l'Australie, la Nouvelle-Zélande, le Japon, la Corée du Sud, ou encore Taïwan et la Thaïlande. Dans ces pays, une double logique est à l'œuvre.

D'abord une logique de protection. Les gouvernements ont adopté des législations, des politiques publiques, voire des institutions pour protéger les personnes LGBT+ des discriminations, des discours haineux et des agressions physiques. L'homophobie y constitue souvent une circonstance aggravante des crimes ou des délits. Et certains pays, comme l'Afrique du Sud, ont même inscrit dans le marbre de leur constitution le respect de l'orientation sexuelle et de l'identité de genre.

Une logique de reconnaissance ensuite. Le cadre démocratique permet aux personnes LGBT+ de revendiquer l'égalité des droits, en particulier dans la sphère familiale. L'union civile, le mariage entre personnes de même sexe, l'homoparentalité s'y développent. Ils sont aujourd'hui une réalité dans près de cinquante pays. La transition de genre y est aussi mieux reconnue ; elle n'est plus regardée comme une maladie et les exigences posées au changement d'état civil sont allégées. Dans le même temps, les personnes LGBT+ sortent du « placard » et assument au grand jour leur identité dans tous les registres de l'existence sociale.

Tel est, brossé à grands traits, le tableau de la condition LGBT+ en ce début de XXIe siècle. Un tableau auquel il faut ajouter deux nuances importantes. La première est que la vie dans un pays qui, sans pénaliser l'homosexualité, se livre à une persécution féroce des personnes LGBT+ peut parfois être plus difficile que dans certains États qui criminalisent. C'est ce que montre l'effroyable situation de la Russie.

La seconde nuance concerne le groupe de pays où les droits des personnes LGBT+ sont les mieux respectés.

Dans ce monde des démocraties libérales, les acquis sont fragiles. Le fléau de l'homophobie n'a pas disparu et les personnes trans, à mesure qu'elles y sont plus visibles, sont la cible d'une hostilité grandissante. Surtout, les personnes LGBT+ y sont directement menacées par l'irruption du populisme. Au nom de la défense des valeurs traditionnelles, les partisans de la démocratie illibérale portent un discours agressif contre les personnes LGBT+. Quand ils s'emparent du pouvoir, ils bloquent le progrès ou suppriment les droits les plus récemment acquis. C'est à quoi s'emploie depuis janvier 2025 Donald Trump dont le retour aux affaires a plongé les communautés LGBT+ américaines dans un état de sidération et donné un coup d'accélérateur à la vague autoritaire et conservatrice dans le monde. Il reste qu'une personne queer vit toujours mieux à New York, où l'on peut contester les décisions de Monsieur Trump devant les tribunaux et bénéficier des lois progressistes de tel ou tel État fédéré, qu'à Téhéran ou Moscou.

Le départ de la salle de presse des deux tiers des journalistes ne m'aura pas empêché de faire ma présentation. D'une certaine manière, il me l'aura facilitée : je n'avais en face de moi que des journalistes compréhensifs, voire « acquis à la cause ». J'ai pu, sans être exposé à la moindre contradiction, dérouler mon agenda. Mais on ne saurait se satisfaire de voir le débat boycotté. Ni se consoler en pensant que la faute incombe à ceux qui le refusent. La question LGBT+ est devenue une question globale. Nous devons pouvoir en débattre partout. Notre responsabilité, à nous qui voulons faire avancer les droits, est de la remettre, sans cesse, sur la table.

Un monde polarisé

Genève. Juillet 2023. Organisation internationale du travail (OIT). Je rencontre Manuela Tomei, sous-directrice générale, pour parler des efforts de l'organisation afin d'éradiquer sur les différents continents les discriminations au travail, en particulier les discriminations anti-LGBT+. Quelques semaines auparavant, la vénérable institution s'était déchirée sur le sujet. Alors qu'elle devait adopter son budget pour les deux années à venir, un ensemble de pays, ceux de l'Organisation de la conférence islamique et du groupe africain, avaient refusé que soit maintenue dans les programmes d'assistance de l'OIT la lutte contre les discriminations basées sur l'orientation sexuelle et l'identité de genre. L'offensive avait été brutale, inédite dans cette enceinte, obligeant les pays progressistes à réagir et à défendre fermement le maintien de la question LGBT+ dans les programmes de l'OIT. Jamais, me dit Manuela Tomei, l'organisation n'avait connu des désaccords aussi profonds. Jamais le Palais des Nations n'avait été le théâtre d'échanges aussi agressifs.

Si le sujet couvait depuis quelques années, on pouvait dire désormais qu'il avait explosé au grand jour. Mon interlocutrice, haute fonctionnaire expérimentée de l'OIT, en semblait littéralement traumatisée.

Pourtant, c'est désormais une réalité dans toutes les institutions internationales à vocation universelle. Dès que le sujet LGBT+ arrive sur la table, les débats s'enflamment, l'organisation se divise. Deux camps se font face de façon irréconciliable. D'un côté, les démocraties libérales, celles d'Europe et d'Amérique en particulier. De l'autre, une coalition conservatrice rassemblant l'essentiel de l'Afrique et du monde musulman, mais aussi la Fédération de Russie. La Chine, en général, suit le bloc conservateur, plus dans l'intention d'isoler le camp des démocraties que par conviction anti-LGBT+. L'Afrique du Sud, qui avait été à l'avant-garde du combat pour les LGBT+ à l'époque de Mandela, a aujourd'hui tendance à s'abstenir pour ne pas s'aliéner le soutien des pays africains. Quant à la position des États-Unis, elle varie sensiblement en fonction de l'administration en place. Très progressiste sous les démocrates, elle est bien sûr plus réservée sous les républicains.

Quelques semaines après ces discussions houleuses à l'OIT, en août 2023, les pays de l'Organisation de la conférence islamique adressaient à António Guterres, le secrétaire général des Nations unies, un courrier de mise au point. Dans cette lettre, ils critiquaient les « tentatives » des diverses agences des Nations unies « de légitimer et normaliser des comportements sexuels personnels sous prétexte de protéger les personnes des discriminations et de la violence… ».

Ils y dénonçaient l'usage, dans différents rapports ou documents de l'Onu, des termes LGBT+ ou SOGI (Sexual Orientation and Gender Identity). La demande était claire : faire tout simplement disparaître la question LGBT+ de l'agenda multilatéral. Réponse du berger à la bergère : une soixantaine de pays progressistes, dont la France, publiaient le 17 octobre de la même année une déclaration rappelant que l'atteinte des objectifs de développement durable de l'Onu imposait la fin de toute criminalisation des personnes LGBT+. On ne pouvait pas être plus clair.

La question LGBT+ est ainsi devenue l'une des plus inflammables de la société internationale, l'une de celles qui cristallisent avec le plus d'intensité l'opposition entre les démocraties et les régimes autoritaires.

Que s'est-il passé pour que nous en arrivions à cette polarisation de la planète sur la question de l'orientation sexuelle et de l'identité de genre ? Pour que tout débat sur ce sujet dégénère en bataille rangée et creuse d'insurmontables divisions ? Pour que les uns réclament toujours plus de progrès et les autres se crispent toujours davantage sur la question LGBT+ ?

Pour le comprendre, il me semble qu'il faut prendre un peu de recul historique et revenir à la révolution LGBT+ et aux profondes secousses qu'elle produit sur nos sociétés. Car c'est bien à une révolution que nous avons affaire avec le développement accéléré, depuis cinquante ans, d'un mouvement de reconnaissance des droits des personnes LGBT+. Nous ne prenons pas toujours suffisamment conscience de son ampleur ni de sa fulgurance. Et pourtant, en l'espace de quelques décennies, ce qui était pénalisé est devenu légal. En 1970, une trentaine d'États seulement autorisaient les relations homosexuelles. Ils sont plus de cent trente aujourd'hui. Mieux, ce qui était réprimé doit maintenant être protégé. Dans un tiers des pays de la planète, le délit n'est plus l'homosexualité mais l'homophobie. Et l'on se dote un peu partout – une soixantaine d'États ont franchi le pas – de politiques de lutte contre les discriminations et les violences anti-LGBT+.

Autre manifestation de cette révolution : ce qui était jugé moralement répréhensible est de plus en plus accepté, et considéré comme « normal ». Dans presque toutes les régions du monde, les enquêtes d'opinion montrent en effet une tolérance grandissante des populations vis-à-vis des personnes LGBT+. Et fait notable : plus on est jeune, plus on est tolérant. Pour les nouvelles générations, en tout cas dans les démocraties, il est tout à fait évident qu'il y a une diversité de manières d'aimer, mais aussi de s'identifier par rapport à la différence des sexes.

Enfin, ce qui était simplement inimaginable en 1970, que deux hommes ou deux femmes s'unissent et élèvent des enfants, est aujourd'hui une réalité dans près de cinquante pays. Ce progrès est considérable. Il a été rapide : en l'espace de quelques années, des millénaires d'opprobre et d'humiliation ont été relégués, à tout le moins dans certains pays. C'est assurément l'une des plus formidables révolutions des mœurs à laquelle il nous a été donné de participer.

Je crois que nous nous trouvons à un moment critique où ce progrès immense produit deux effets exactement inverses, créant les conditions de cette polarisation extrême qui est la marque de notre époque.

Du côté des populations démocratiques, nous voyons à l'œuvre le *paradoxe de Tocqueville*. Plus les droits avancent, plus leurs manquements sont ressentis comme insupportables. Plus l'écart avec la situation idéale se réduit, et plus cet écart est jugé intolérable. Ainsi, à mesure que les droits des personnes LGBT+ sont mieux reconnus dans les démocraties, la préoccupation pour ces droits devient plus importante, la demande de progrès plus insistante, plus impatiente. Ainsi émergent la revendication de droits égaux en matière de mariage et de parentalité, comme la demande d'une pleine reconnaissance pour les personnes trans.

Dans cette partie du monde, l'égalité avance, et avance vite. Dans les mois qui suivent ma prise de fonctions, en novembre 2022, l'union civile ou le mariage entre personnes de même sexe s'étendent au Mexique, à Cuba, à la Slovénie, l'Estonie, la Suisse, le Chili, Taïwan, le Népal, la Thaïlande et la Grèce. Le débat est même en cours en Inde et au Japon. Dans le même temps, de nouveaux pays dépénalisent l'homosexualité : les îles Cook, la Barbade, Singapour, Saint-Christophe-et-Niévès, Antigua-et-Barbuda, l'île Maurice, la Namibie, la Dominique et Sainte-Lucie. De nombreux États se dotent aussi de meilleures protections contre la haine anti-LGBT+. C'est le cas d'une quinzaine de pays comme la Moldavie, le Brésil, les Pays-Bas, et même l'Ukraine, pourtant confrontée à la guerre effroyable que lui a déclarée la Russie.

L'interdiction des thérapies de conversion progresse vite également. Après le Portugal, l'Espagne, la France, l'Allemagne, la Belgique, la Grèce, Malte, elle est dorénavant en vigueur en Belgique et à Chypre, pour ne parler que de la seule Union européenne. L'allègement des conditions posées à la reconnaissance de la transition de genre gagne aussi du terrain, par exemple en Nouvelle-Zélande, en Finlande et en Espagne. Ou encore en Allemagne où, en décembre 2024, je rencontre Sven Lehmann, le secrétaire d'État qui vient de faire adopter le projet d'auto-identification des personnes trans. L'Allemagne, m'explique ce militant historique de la cause LGBT+, était en retard. Elle conditionnait la transition de genre à des opérations médicales. Elle vient de faire un grand pas en avant. Désormais, le changement de genre se fera sur simple déclaration administrative. Les débats houleux au Bundestag ne semblent pas avoir affecté Sven Lehmann, surtout satisfait de voir l'Allemagne revenir, comme à l'époque de la république de Weimar, à l'avant-garde européenne sur les questions de libertés sexuelles et de genre.

Selon le même paradoxe de l'insatisfaction croissante, les populations progressistes perçoivent de plus en plus comme une injustice, voire un scandale, qu'un tiers des États de la planète continuent de considérer les personnes LGBT+ comme des hors-la-loi et qu'un autre tiers, sans plus pénaliser l'homosexualité, menace gravement leurs droits. Ce qui hier encore nous laissait relativement indifférents nous révolte aujourd'hui. Et tous ceux qui, dans nos démocraties, sont les plus sensibilisés à cet enjeu nous pressent désormais d'agir hors de nos frontières. C'est le cas des associations pro-LGBT+ françaises que je consulte début 2023 – dès ma prise de fonctions. Leurs attentes au sujet de mon mandat sont élevées : la dépénalisation universelle de l'homosexualité, la défense de l'Europe comme sanctuaire pour les personnes LGBT+, la protection des personnes trans qui, m'alertent-elles, sont en train de devenir un nouveau bouc émissaire.

Du côté des populations qui n'ont pas participé à la révolution LGBT+ et qui, d'une manière générale, demeurent à l'écart de la modernité libérale et démocratique, le tableau est bien différent. Cette étrange révolution des mœurs les effraie. Elles en redoutent les conséquences sur la famille et la société, ces collectifs qu'elles mettent au-dessus de la personne humaine et de sa liberté. L'effet, au fond, est inverse de celui produit sur les populations progressistes. C'est un effet de réaction. Un *backlash*. Nous le voyons en Russie, au Moyen-Orient, en Afrique, mais aussi dans une partie de l'Asie, où les gouvernements comme les opinions se radicalisent contre les LGBT+, et où la répression se durcit. Et partout le rejet de l'Occident, d'où vient cette révolution LGBT+, sert de carburant à cette hostilité grandissante.

Certains États qui criminalisent de longue date cherchent à renforcer les sanctions pénales. C'est le cas de l'Ouganda dont le Parlement, en 2023, a voté à la quasi-unanimité l'instauration de la peine de mort. Une régression heureusement suspendue à l'avis de la Cour de cassation et qui, si elle venait à être validée, ne manquerait pas d'avoir un effet de contagion sur les pays de la région, voire sur l'ensemble du continent africain. D'autres États, qui répriment les homosexuels mais n'ont pas de loi d'interdiction, travaillent à une réforme de leur code pénal qui criminaliserait officiellement les relations homosexuelles. Le Mali et le Burkina Faso l'ont fait en décembre 2024. Le Niger s'y prépare.

Enfin, de nombreux pays renforcent la répression des droits fondamentaux des personnes LGBT+, notamment par l'adoption de lois contre la liberté d'expression ou le droit d'association. La Russie a donné le ton dès 2013 avec une loi contre la prétendue « propagande LGBT+ » qu'elle cherche à exporter un peu partout, dans son ancienne zone d'influence en Europe et en Asie, mais aussi en Afrique. La Hongrie lui a ainsi emboîté le pas en 2021 en copiant-collant sa loi de 2013, en contradiction flagrante avec le droit européen en matière de liberté d'expression et de non-discrimination.

Quand ils ne changent pas la loi, de nombreux pays l'appliquent avec plus de vigueur et multiplient les arrestations et les condamnations de personnes LGBT+. C'est le cas en Afrique où, après une certaine indifférence sur la question, de nombreux gouvernements se sont mis, au cours des quinze dernières années, à sévir contre les homosexuels et les personnes trans. Des instruments de plus en plus sophistiqués sont utilisés pour les traquer et les emprisonner. Dans les pays arabes, les forces de police font un grand usage de l'application de rencontres Grindr dans laquelle elles créent de faux profils pour piéger les homosexuels. En Russie un outil numérique, Okulus, a été créé pour organiser la surveillance numérique des populations LGBT+.

En parallèle, nous voyons se développer dans ces géographies un discours de plus en plus agressif contre les personnes LGBT+. Au mépris de la vérité historique, ce narratif cherche à accréditer l'idée que la diversité sexuelle et de genre n'existerait pas dans les sociétés locales, qu'elle serait un produit d'exportation de l'Occident. Les personnes LGBT+ y sont stigmatisées comme des ennemies de la famille, de la société, de la nation, dont elles porteraient en germe la destruction. Dans certains pays, les opinions sont chauffées à blanc par ce discours sur les valeurs traditionnelles que martèlent aussi bien les leaders politiques que les chefs religieux. Les campagnes électorales sont particulièrement propices à l'agitation de la supposée menace LGBT+, pour discréditer des adversaires ou faire bloc autour d'un chef nationaliste. C'est ce qu'on observe dans la Russie de Poutine ou la Turquie d'Erdoğan.

Le discours anti-LGBT+ de plus en plus présent dans l'espace politique contribue à décomplexer la violence à leur encontre et à favoriser le passage à l'acte. Nous voyons ainsi se multiplier dangereusement les cas d'agressions physiques, d'humiliation publique, de viols correctifs, souvent avec la complicité des forces de police. Une chronique macabre qui encombre les pages des journaux et des réseaux sociaux en Afrique, comme on l'a vu en Ouganda après l'adoption en 2023 de la loi instaurant la peine de mort pour les homosexuels.

Ce phénomène de réaction, ce retour aux valeurs traditionnelles, n'épargnent pas nos démocraties d'Europe et d'Amérique où la révolution des droits individuels, mêlée à d'autres facteurs comme le déclassement économique ou la peur des migrations, a entraîné une réplique conservatrice. Les mouvements illibéraux et populistes qui s'y développent, dont certains réussissent à conquérir le pouvoir, s'en prennent presque toujours aux droits des personnes LGBT+, pointe avancée de la révolution individualiste, mais aussi aux droits des femmes, notamment le droit à l'avortement. Tout se passe comme si le doute s'était insinué au sein même des démocraties.

Les États-Unis, travaillés en profondeur par le mouvement MAGA[1], sont emblématiques de ce « retour du bâton ». La société y est, plus que partout ailleurs, fortement polarisée. Deux Amériques, l'une farouchement progressiste, l'autre résolument conservatrice, s'affrontent sans presque plus se comprendre. L'administration Biden a cherché à préserver les acquis de plusieurs décennies de combats sociétaux, notamment à travers le « same-sex marriage bill » destiné à prévenir un revirement de la Cour suprême sur le sujet. Elle a aussi permis des avancées pour les personnes trans, comme la faculté de s'auto-identifier sur les documents fédéraux ou d'y indiquer un genre neutre.

1. Make America Great Again.

Mais l'administration démocrate n'a pas pu empêcher l'étage inférieur, celui des États fédérés, de craquer de toutes parts sous les coups de boutoir du mouvement MAGA. Elle n'a pas pu endiguer la puissante vague homophobe et transphobe qui menace dangereusement les communautés. Au cours du mandat Biden, les États fédérés républicains ont ainsi adopté plus de 200 lois pour limiter les droits des personnes LGBT+, en particulier ceux des personnes trans, qui concentrent de plus en plus les foudres des conservateurs. Le retour de Donald Trump au pouvoir, en janvier 2025, marque un tournant. C'est désormais l'étage fédéral qui avance avec un agenda anti-LGBT+. Ses cibles principales : « l'idéologie woke » et les personnes trans, dont certains droits sont supprimés. Avec la volte-face de Washington, c'est aussi la polarisation internationale sur les questions LGBT+ qui s'aggrave.

Retour à l'OIT et aux déchirements de juin 2023 sur la question LGBT+. Malgré leur tentative d'effacer toute mention de l'orientation sexuelle et de l'identité de genre dans les programmes de l'organisation, les pays de l'OCI et du groupe africain échouèrent finalement à imposer cette régression. Les programmes ont pu être maintenus tels quels, grâce à la mobilisation des pays progressistes et au fonctionnement paritaire de l'organisation, qui donne une voix non seulement aux gouvernements mais aussi aux syndicats et aux entreprises, souvent plus ouverts aux changements sociétaux. Quelques mois plus tard, le secrétaire général des Nations unies enfonçait le clou. Dans un courrier à l'Organisation de la conférence islamique, il expliquait que les droits des personnes LGBT+ font partie des droits de l'Homme et n'ont pas vocation à disparaître de l'agenda multilatéral. Dans la foulée, il publiait une stratégie de l'Onu pour la protection de ces droits. La digue tient, mais pour combien de temps ? Quel sera l'impact du revirement américain sur ce rapport de force dans les enceintes internationales ? Sur la condition LGBT+ dans le monde ? Il est sans doute un peu tôt pour répondre à ces questions. En attendant, la seule solution, face au *backlash*, est d'avancer. De faire front. Les vents mauvais, alimentés par un puissant sentiment d'hostilité à l'Occident libéral et par la poussée populiste, soufflent très fort. Ils ne doivent pas nous intimider. La voix des droits et de la dignité de la personne humaine, contrairement à ce que certains cyniques aiment à penser, n'est pas minoritaire. Elle reste la plus forte. Surtout, c'est elle qui dicte l'agenda. Ses détracteurs se bornent à réagir. Ils sont animés par l'esprit de vengeance, dont on sait depuis Nietzsche qu'il est un symptôme de faiblesse et de ressentiment. Face à eux, nous devons être déterminés et organisés. Confiants dans la puissance du désir d'émancipation. Convaincus de l'universelle aspiration à la liberté. Intraitables avec le relativisme culturel et le révisionnisme démocratique.

Pourquoi tant de haine ?

Juin 2023. Je dois me rendre au Cameroun pour rencontrer des associations engagées aux côtés des personnes LGBT+. La note verbale annonçant mon déplacement aux autorités fuite dans la presse, avec le lieu et l'heure de mon arrivée. Aussitôt, une campagne hostile à ma visite est orchestrée par les médias et les réseaux sociaux. Pendant une semaine, le « Berthongate » fait la une de l'actualité : « Berthon, reste chez toi ! », « Visite de Jean-Marc Berthon : les Camerounais disent non, non, non », « Contre l'homosexualité, le Cameroun ferme comme un roc »... Débats à la télévision, appels à manifester, injures et menaces sur les réseaux sociaux se succèdent dans un climat de haine anti-LGBT+. Aucune voix ne manque, ni dans la classe politique ni parmi les leaders religieux, pour condamner « l'insidieuse tentative » de la France de normaliser l'homosexualité dans son « ancienne colonie ».

Finalement, le gouvernement camerounais me déclarera persona non grata, sous les applaudissements des ligues de vertu du pays. « Il y a des domaines où le Cameroun ne déçoit pas », se réjouit l'influenceuse prorusse Nathalie Yamb qui me qualifiera de « racaille » voulant faire la promotion des « pratiques penchées » (*sic !*) de la France. L'affaire, montée de toutes pièces par des entrepreneurs de haine, déclenche une vague d'homophobie, comme chaque fois que la question LGBT+ surgit dans l'actualité. Plus de 200 incidents sont recensés par les ONG. Fort heureusement sans gravité, aucune agression physique n'étant à déplorer. Il faut dire que je m'étais bien gardé de toute prise de parole publique, laquelle n'aurait fait qu'échauffer encore des esprits déjà passablement exaltés.

Ce soudain déferlement de haine n'est rien, évidemment, en comparaison de ce que subissent les LGBT+ dans beaucoup de pays. Humiliations publiques. Crimes de sang. Assassinats. Je pense à ces malheureux jeunes gays jetés du haut des immeubles à Raqqa ou froidement exécutés à Gaza City. À ce brillant activiste et mannequin, Edwin Chiloba, retrouvé dans une malle le long d'une route au Kenya. À Muhsin Hendricks, premier imam ouvertement gay, tué dans une embuscade en Afrique du Sud. À ces homosexuels dont on déterre les cadavres pour les brûler en place publique comme aux temps de l'Inquisition. Mais l'affaire m'a fait toucher du doigt la violence de cette haine si particulière que la diversité sexuelle et de genre a le pouvoir de déchaîner. D'où vient donc cette détestation si profonde ? Et comment y mettre fin ?

Cette question, je l'ai souvent posée à mes interlocuteurs, qu'ils soient ministres, activistes, diplomates, intellectuels, artistes ou leaders religieux. Je l'ai posée à des Chinois, des Russes, des Africains, des Européens, des Arabes, des Américains, et même à des habitants des États insulaires du Pacifique… Au Japon, j'ai interrogé le moine bouddhiste Kodo Nishimura, à Paris l'imam Ludovic-Mohamed Zahed, en Polynésie l'ethno-historien Serge Tcherkezoff, en Afrique l'anthropologue Patrick Awondo, au Vatican le théologien Philippe Bordeyne, en Grèce le conseiller du Premier ministre Alexis Patelis, en Argentine mon homologue Alba Rueda, en Thaïlande le juriste Vitit Muntarbhorn. Et tant d'autres. Les réponses de ces personnalités sur l'origine de l'homophobie sont diverses. Parfois contradictoires.

La plupart des intellectuels, des chercheurs, des militants, soulignent l'influence de la religion, tout particulièrement des religions monothéistes. Judaïsme, christianisme, islam ont en commun leur condamnation apparemment sans appel de l'homosexualité. Le Lévitique n'affirme-t-il pas que « coucher avec un homme comme on le fait avec une femme est une abomination » et que le sang doit retomber sur les coupables ? Saint Paul ne proclame-t-il pas que les *arsenokoites*, les hommes couchant avec des hommes, « n'hériteront pas du royaume de Dieu » ? Le Coran ne professe-t-il pas que les hommes s'adonnant à « l'acte charnel » avec d'autres hommes sont des « transgresseurs », qui selon un hadith méritent d'être « lapidés à mort » ? Les religions monothéistes ont bel et bien érigé en dogme, en vérité sacrée, que les relations homosexuelles sont un péché. Comme nulle autre autorité morale ou spirituelle, elles justifient et encouragent l'hostilité et la répression. Partout où elles occupent une place importante et où prévaut une lecture littérale des Écritures, l'homophobie est puissante. Plus puissante que partout ailleurs.

En Afrique, les militants pointent souvent du doigt le rôle de la colonisation européenne, particulièrement britannique, qui aurait conduit leurs pays, jusque-là plutôt accommodants, à porter un regard réprobateur sur l'homosexualité et la transidentité. Il est vrai que, dans nombre d'États africains, l'interdiction des relations homosexuelles a été introduite par les puissances coloniales. Cela permet aux Namibiens qui, en juin 2024, fêtent la décriminalisation de l'homosexualité, de célébrer la « décolonisation » de leur code pénal. Ce discours accusateur contre l'Occident, qui aurait diffusé l'homophobie avant de faire la leçon au monde sur ce sujet, est présent au-delà de l'Afrique chez de nombreux militants du Sud. Je l'entends dans les Amériques, en Asie du Sud-Est, dans le sous-continent indien, dans le Pacifique. Les uns et les autres soulignent que les populations pré-coloniales étaient ouvertes à la diversité sexuelle et de genre, comme en témoigne la reconnaissance d'une catégorie de « garçons efféminés » – les *Mahu* – en Polynésie française, ou celle d'un troisième genre – les *hijras* – au Pakistan et en Inde. C'est la colonisation occidentale qui aurait imposé une vision plus strictement genrée et hétéronormée de la société. C'est elle qui aurait conduit à mettre à l'écart et à réprimer les sexualités alternatives. Dans ce contexte, la tolérance vis-à-vis des LGBT+ impliquerait de solder l'héritage colonial et de se réapproprier la culture des ancêtres.

Pour beaucoup de féministes que j'ai rencontrées, comme pour les partisans de l'intersectionnalité, la haine des LGBT+ participerait de la même logique que le mépris des femmes : elle serait le fait de sociétés patriarcales. Le scandale, dans ces sociétés organisées autour de la supériorité du masculin, est qu'un homme ne tienne pas sa place et puisse déchoir de son rôle dominant en devenant « comme une femme ». D'où la stigmatisation, plus systématique dans le monde, de l'homosexualité masculine, et la surprenante indifférence, dans beaucoup de géographies, vis-à-vis de la sexualité féminine[1]. D'où le mépris plus grand dont est l'objet, dans de nombreuses sociétés, le partenaire passif de la relation homosexuelle. L'homophobie et la misogynie auraient au fond une origine commune : la croyance dans la supériorité des valeurs viriles, la conviction que les individus de sexe masculin ont vocation à dominer.

---

1. C'est ainsi que certains pays criminalisent les relations sexuelles entre hommes, mais non entre femmes : Grenade, Jamaïque, Guyana, Papouasie-Nouvelle-Guinée, Kiribati, Samoa, Tonga, Tuvalu, Liban, Ouzbékistan, Turkménistan, Ghana, Zimbabwe, Eswatini, Sierra Leone.

En Chine, et plus généralement en Extrême-Orient, on m'explique que la haine des LGBT+ n'a pas la même intensité que dans les pays de culture monothéiste. L'homosexualité et la transidentité n'y suscitent pas la même « frayeur sacrée ». Certes, le tabou existe. Mais il est surtout lié à la profonde vénération de la famille. De Pékin à Hanoï en passant par Phnom Penh, il incombe à chacun d'avoir des enfants. Pour perpétuer le nom de la lignée bien sûr. Et aussi pour prendre soin des parents devenus âgés. La famille, en somme, est sacrée, et l'homosexualité lui fait obstacle, en un sens lui « fait offense ». Mais on ne trouvera pas sous ces latitudes cette haine totale, viscérale, dont les homosexuels peuvent faire l'objet dans les cultures façonnées par les religions à Dieu unique.

Enfin, les nombreux chercheurs et universitaires rencontrés au fil de mes déplacements appellent régulièrement mon attention sur le lien entre la répression de l'homosexualité et le nationalisme autoritaire. Comment ne pas le voir ? Les contextes de mobilisation nationaliste favorisent le développement de discours et de politiques anti-LGBT+. Nous l'observons dans la Russie de Poutine, la Turquie d'Erdoğan, la Hongrie d'Orbán, mais aussi dans de nombreux États africains. Les « hommes forts » qui occupent le pouvoir y sont obsédés par la virilité. Ils expliquent que l'homosexualité et la transidentité n'existent pas dans leurs pays, qu'elles constituent un vice importé de l'Occident décadent, un fléau menaçant la survie de la nation, voire son intégrité et sa pureté. Les LGBT+ y font figure d'ennemis de l'intérieur, de boucs émissaires. Ils permettent au chef, censé protéger le peuple contre ces menaces, de fédérer la population et d'asseoir son pouvoir.

Ce kaléidoscope d'explications me laisse comme un goût d'inachevé. Chacune de ces observations est juste, mais ne contient qu'une part de vérité. Elles ne laissent voir ni le phénomène dans son ensemble ni les grandes dynamiques de la haine anti-LGBT+. Elles ne nous permettent pas de comprendre comment les choses s'enchaînent dans l'histoire ni dans les différentes géographies de la planète.

Pour démêler l'écheveau complexe de la répression de l'homosexualité, une première évidence me paraît devoir être rappelée : un individu qui a des relations avec des personnes de même sexe ou s'attribue un genre autre que celui reçu à la naissance suscite dans toutes les sociétés une forme de trouble, de méfiance. Il apparaît comme « différent », « étrange », « anormal ». Car la norme sociale, dans toutes les sociétés historiques, est que femmes et hommes s'accouplent, en tout cas à partir du moment où existe la conscience que cet accouplement est la condition de la procréation. Celui qui transgresse cette norme a tendance à être regardé avec crainte, comme s'il menaçait l'ordre des choses humaines et pouvait en précipiter la destruction. Sa simple existence peut représenter pour le groupe un défi, une provocation, voire une agression.

Le rejet des homosexuels et des personnes trans est ainsi à rapprocher du rejet des étrangers et des individus appartenant à une minorité ethnique ou religieuse. La même logique, les mêmes mécanismes psychologiques, sont à l'œuvre. Comme dans le racisme, comme dans l'antisémitisme ou la haine religieuse, l'homophobie est d'abord la peur d'une altérité, d'une « étrangeté » qui bouscule la norme des rapports humains.

Mais il existe trois manières de traiter cette étrangeté.

La première est celle des sociétés humaines les plus anciennes, les sociétés sans État ni écriture, où la norme hétérosexuelle existe, mais sans être formulée ni explicitée par une quelconque autorité politique ou religieuse. Cette première manière consiste à réduire l'altérité des relations homosexuelles comme des personnes s'identifiant à un autre genre que celui de la naissance en leur donnant une place, un rôle, une utilité dans l'ordre social. Un rôle cependant assez circonscrit dont il est difficile de s'écarter.

Nous voyons ce phénomène dans de nombreuses cultures indigènes d'Afrique, d'Asie, des Amériques ou d'Océanie, avant leur modernisation. Le sociologue américain David F. Greenberg[1] explique que différents types de sexualité alternative sont parfaitement acceptés dans ces sociétés généralement organisées sous forme de tribus ou de bandes, et dans lesquelles la famille ne s'est pas encore imposée comme le centre de la vie sociale. L'homosexualité transgénérationnelle y est assez répandue : de la Nouvelle-Guinée au Maroc en passant par l'Australie, des hommes

1. *The construction of homosexualité*, University of Chicago Press, 1988.

plus âgés ont des relations avec des adolescents pour les initier, les faire entrer dans l'âge adulte. Les premiers sont actifs et les seconds passifs. Aucun stigmate n'est attaché à ces relations qui sont cependant limitées à un cycle de la vie, les hommes étant appelés, une fois devenus adultes, à se lier à des femmes et à procréer.

On observe aussi la présence tout à fait tolérée, dans nombre de sociétés archaïques, de personnes qui prennent l'apparence vestimentaire, les occupations, les rôles sociaux du sexe opposé. Ainsi les *two-spirit*[1] d'Amérique du Nord, qui sont perçus tantôt comme des personnes ayant changé de sexe, tantôt comme des êtres intermédiaires entre les hommes et les femmes, dotés de pouvoirs spirituels. Ce sont leurs parents qui, en général, détectent chez eux des signes d'identification au sexe opposé, dans un contexte où probablement le changement de genre arrange la communauté (par exemple quand il y a trop ou pas assez de filles ou de garçons). Cette réalité est aussi documentée en Amérique du Sud, en Sibérie, en Asie du Sud-Est, dans le sous-continent indien, en Océanie et en Afrique.

Une homosexualité plus égalitaire, sans différences d'âge ou de statut, existe également dans les cultures indigènes sur la plupart des continents. Elle n'impose pas à l'un des partenaires, de statut ou d'âge inférieur, d'être passif. Elle n'implique pas non plus un changement de

---

1. Les two-spirit furent d'abord appelés « berdaches » par les premières populations européennes qui sont arrivées sur le continent américain.

genre. Elle s'observe chez les enfants, les adolescents, les adultes. La plupart des sociétés premières semblent l'accepter, voire l'encourager quand elles lui trouvent un intérêt social. C'est le cas avec l'homosexualité masculine dans les contextes où le nombre de femmes disponibles est insuffisant, du fait de la polygamie ou des mariages précoces des jeunes filles, ou encore dans les périodes de la vie où les hommes sont contraints de se retrouver entre eux, en l'absence de femmes, par exemple dans des expéditions de chasse ou de pêche.

Au fond, les sociétés archaïques où l'affirmation de la norme hétérosexuelle est de faible intensité ne rejettent pas les homosexuels et les personnes trans comme le feront par la suite les sociétés jugées plus « avancées ». Elles leur trouvent une fonction sociale, une place dans un certain nombre de pratiques et de rituels, ou les acceptent comme partie intégrante de certains moments de l'existence. Elles les incorporent au groupe, parfois jusqu'à les institutionnaliser.

La deuxième manière de traiter « l'étrangeté » que constituent l'homosexualité et la transidentité est celle des sociétés plus complexes et hiérarchisées, transformées par la révolution néolithique, pourvues de l'écriture et dotées d'un État contrôlant des pans de plus en plus importants de la vie humaine.

Dans ces sociétés, la famille devient une réalité fondamentale du fait du démantèlement de la tribu et de la bande. Elle s'affirme, face à l'État, comme la cellule de base de l'existence humaine. Avec l'explosion de la natalité permise par la sédentarité, les rôles des femmes et des hommes se différencient, les femmes étant dévolues au foyer et aux enfants, les hommes au travail. Ces évolutions contribuent à renforcer le caractère genré de la société et la norme de la famille hétérosexuelle. L'invention de l'écriture ainsi que l'affirmation de pouvoirs religieux et politiques distincts de la société permettent, de surcroît, d'écrire et de fixer cette norme hétérosexuelle, de la formuler et de la justifier. Les hommes doivent être des hommes. Les femmes des femmes. Les uns et les autres doivent former une famille pour faire des enfants. C'est désormais écrit, gravé dans le marbre de la loi humaine ou religieuse. Dans ce contexte, l'homosexualité est identifiée et déclarée comme une pratique déviante, une activité contraire à la nature, nuisible à la famille et à la société. Une activité qui doit disparaître, à tout le moins se rendre invisible ou discrète.

Telle est la dynamique de réprobation et de répression qui s'est déployée sur tous continents, à des rythmes différents et avec une intensité variable, à partir de l'entrée dans la société agraire. Dans cette longue séquence historique, un homosexuel est de plus en plus perçu comme « étranger » à l'ordre normal des choses, comme un élément pouvant menacer la famille et la société. Ce processus s'inscrit dans la durée, et plusieurs sociétés de l'Antiquité connaissent encore une relative tolérance, à l'image des sociétés grecques et romaines qui pratiquaient l'homosexualité intergénérationnelle. Mais le mouvement général est bien celui d'une exclusion de plus en plus grande à mesure que les sociétés se complexifient, que la famille s'affirme, que l'État étend son emprise sur les individus, multiplie les normes et s'arroge le droit de définir les comportements socialement acceptables. Au point d'arrivée de cette évolution, nous voyons des États se doter de lois interdisant de façon directe les relations jugées « contraires à la nature ». Et nous voyons la science naissante, comme le montre Michel Foucault[1], apporter son autorité à cette exclusion en catégorisant l'homosexualité et la transidentité comme des « maladies ».

Dans ce long processus, un palier répressif est franchi avec les religions du Livre. Pour au moins deux raisons. La première est que la relation entre hommes et femmes en vue de procréer, d'assurer la pérennité et la croissance de l'humanité sur la Terre devient un commandement de Dieu. « Croissez et multipliez », affirme la Genèse. L'homosexualité, voire la sexualité non reproductrice et le plaisir, y sont ainsi condamnés de façon explicite. Avoir des relations avec une personne de son sexe devient un crime de lèse-majesté divine, avec les conséquences incalculables que cela entraîne. La deuxième raison est que si l'homme est perçu comme libre et perfectible, ce qui constitue un progrès, sa liberté consiste à accepter ou refuser les commandements venus d'en haut, son mérite à progresser dans l'observance de ces prescriptions. C'est l'introduction de la notion de culpabilité et de péché, si prégnante

1. Cf *La Volonté de savoir*, Paris, Gallimard, 1976. Michel Foucault y montre comment, à des fins de contrôle social dans l'Europe du XIXe siècle, l'homosexualité est médicalisée et pathologisée.

en terre juive, chrétienne ou musulmane. Toute personne qui refuse les commandements divins, en particulier en s'adonnant à la sodomie, devient entièrement coupable de la transgression. Elle se voit frappée d'un signe de honte, d'une marque d'infamie.

Un autre palier répressif est franchi avec l'entrée dans l'ère du nationalisme. Partout sur la planète, à partir du XIXe siècle, les peuples prennent conscience d'eux-mêmes, découvrent et exaltent leur identité nationale. Ils aspirent à avoir un État qui leur soit propre et renversent les empires auxquels ils sont asservis. Avec l'entrée dans cette séquence nationaliste, la pression de la norme et le rejet de ceux qui s'en écartent se trouvent renforcés. Il s'agit d'affirmer l'unité du groupe, de l'incarner dans un leader fort. Cela impose une obéissance stricte aux normes et une opposition à toute dissidence, à toute espèce de non-conformisme. Dans ce contexte où s'impose le fantasme d'un peuple-un, d'une nation homogène, les esprits sont profondément réfractaires à la diversité de la société, en particulier à la diversité sexuelle et de genre. Tous ceux qui sortent du sillon, comme les homosexuels et les personnes trans, sont réputés briser l'unité et la pureté du peuple. Ils sont accusés d'être des ennemis de l'intérieur détruisant les valeurs qui soudent la nation, voire des agents d'influence des puissances étrangères menaçant la patrie. De l'Allemagne du XXe siècle à la Russie d'aujourd'hui, en passant par le monde arabe ou l'Afrique, les homosexuels ont payé et continuent de payer un lourd tribut à ce nationalisme.

La troisième façon de composer avec la diversité sexuelle et de genre est celle des démocraties libérales, organisées autour du projet d'émancipation de la personne humaine. L'apparition des sociétés de liberté, qui accordent une primauté à l'individu et à sa faculté de se gouverner lui-même, bouleverse de fond en comble le rapport à l'homosexualité et à la transidentité. Elle rend possible une véritable acceptation, une pleine reconnaissance des différentes manières d'aimer et de se définir par rapport à la différence des sexes.

Le mouvement de reconnaissance a été lancé dès le XVIIIe siècle sur le terrain des idées par des penseurs libéraux comme Jeremy Bentham qui, pour la première fois, passe au crible de la raison, et réfute les arguments traditionnels contre l'homosexualité. Il a ensuite été ouvert politiquement par la Révolution française, qui en 1791 abolit le crime de sodomie. Mais il aura fallu attendre la seconde moitié du XXe siècle, la fin de l'ère des nationalismes et du totalitarisme en Europe, l'entrée dans un véritable régime de démocratie libérale, pour que le mouvement commence réellement à se concrétiser et que soit mis fin, au moins dans une partie du monde, à des siècles d'opprobre vis-à-vis des homosexuels.

Ainsi, durant les cinq dernières décennies, nous avons vu les sociétés ouvertes franchir des étapes historiques. Elles ont cessé de regarder l'homosexualité et la transidentité comme une maladie. Elles ont dépénalisé les relations consensuelles entre personnes de même sexe. Elles se sont dotées de lois contre les discriminations et les violences à l'encontre des personnes LGBT+. Et pour un nombre grandissant d'entre elles, elles ont allégé les conditions posées à la transition de genre et accordé aux homosexuels la pleine égalité en matière de mariage comme de parentalité.

Pour comprendre cette évolution, il faut se rappeler que le surgissement de la démocratie libérale implique une triple rupture, décisive pour les personnes LGBT+. Rupture d'abord avec le pouvoir religieux : dans une démocratie, la loi de la cité n'est plus la déclinaison de la loi divine, mais le résultat de la délibération, toujours ouverte, des citoyens. Dans cet univers sécularisé, peu importe le jugement des églises : une pratique devient possible – comme l'avortement ou le mariage homosexuel – dès lors que les citoyens le décident et que cette pratique est perçue comme favorable à une liberté plus grande pour tous. La source de la loi n'est plus dans le ciel, mais dans la cité des hommes. Et son contenu, loin d'être intangible, n'est que provisoire et changeant.

Rupture, en second lieu, avec l'idée d'une société homogène et uniforme : les citoyens d'une démocratie sont portés à accepter la diversité de la société. Parce qu'ils croient en la liberté individuelle, ils regardent comme un bien la pluralité des intérêts, des opinions, des croyances, mais aussi la pluralité des mœurs, y compris des mœurs sexuelles.

Ils reconnaissent, comme le souligne Claude Lefort[1], qu'il n'existe pas une seule conception de la vie bonne, mais une multitude. Si l'homosexualité choque dans une société où l'individu est écrasé par le groupe et tenu de reproduire la norme, elle finit par être acceptée dans une société fondée sur la souveraineté de chaque personne humaine.

Rupture, enfin, avec l'impératif de survie. Le processus de modernisation démocratique et libéral a aussi rendu possible un développement économique sans précédent dans l'Histoire. Là où il s'est déployé, il a mis le plus grand nombre à l'abri du besoin et permis l'apparition, à partir de la deuxième moitié du XXe siècle, d'une société d'abondance. Il en est résulté, comme le montre Ronald F. Inglehart[2], un basculement de valeurs. Les individus ont cessé, dans les années d'après-guerre en Occident, de donner la priorité

1. Cf *L'invention démocratique*, Paris, Fayard, 1981. Claude Lefort y explique que la démocratie, avant d'être un régime politique, est une forme de société. Cherchant à décrire cette « forme » démocratique, il distingue trois traits principaux : la conviction que le pouvoir, ayant vocation à être périodiquement remis en jeu, est inappropriable et figure une sorte de « lieu vide » ; la reconnaissance que, personne ne détenant une vérité définitive, la loi et les décisions communes peuvent toujours être remises en question et que nous sommes dans l'incertitude et l'indétermination sur les fins ultimes de l'association ; l'acceptation par la société de sa division fondamentale en une pluralité d'opinions, de croyances, de mœurs.

2. Cf. *Modernization and Postmodernization*, Princeton University Press, 1997.

à la survie pour privilégier leur liberté de choisir comment vivre leur vie et favoriser leur épanouissement individuel. Les relations entre personnes de même sexe, perçues comme une menace pour la perpétuation du groupe quand la première préoccupation était la survie, sont tout d'un coup apparues comme une relation humaine parmi d'autres, une forme possible d'épanouissement personnel. C'est précisément durant cette période, celle que nous avons appelée les Trente Glorieuses, qu'est né le mouvement LGBT+, en Amérique du Nord et en Europe de l'Ouest.

Que conclure de cela ? Qu'il en va de l'homophobie comme de la xénophobie : elle a toujours existé comme sentiment d'étrangeté et attitude de rejet vis-à-vis de ceux qui s'écartent de la norme, celle d'une vie genrée et hétérosexuelle. Qu'elle s'est accentuée avec l'explicitation et le durcissement progressif de cette norme à mesure que nos sociétés s'organisaient autour de la famille, de l'État, de la religion, de la nation. Qu'il aura fallu, pour inverser la tendance et permettre la reconnaissance de la diversité sexuelle et de genre, l'irruption d'une société valorisant l'individu plutôt que ces collectifs d'appartenance, une société caractérisée tout à la fois par la démocratie, la sécularisation et le développement économique[1].

---

1. Sur la corrélation entre l'attitude vis-à-vis de l'homosexualité d'une part, le développement économique et la sécularisation d'autre part, voir l'étude du Pew Research Center, « The Global Divide on Homosexuality Persists », 2020.

La leçon que pour ma part j'en retiens est simple : le meilleur moyen de lutter en profondeur contre l'homophobie dans le monde est d'encourager l'État de droit et la démocratie, l'autonomisation du politique vis-à-vis du religieux, l'élévation du niveau de vie des populations. Incontestablement, le paramètre principal est le paramètre démocratique. La carte des pays qui respectent les personnes LGBT+ est à peu de chose près celle de la démocratie libérale. Rien ne protège mieux contre les LGBTphobies qu'un cadre politique garantissant les libertés individuelles. La démocratie est au fond le seul lieu où les LGBT+ peuvent réellement vivre librement leur sexualité ou leur identité. Là où cette démocratie n'existe pas, là où elle est en crise et se transforme en dictature de la majorité, ils ont de nombreuses raisons de s'inquiéter.

Mais les deux autres paramètres – l'émancipation du politique de la tutelle religieuse et le développement économique – comptent également. Plus la démocratie dans laquelle nous vivons est à la fois sécularisée et prospère, plus elle est tolérante et protectrice. Nous l'observons des deux côtés de l'Atlantique depuis une cinquantaine d'années. Encore une fois, c'est avec la croissance exceptionnelle de l'après-guerre que s'est déclenché le mouvement de reconnaissance des LGBT+ en Occident. Et comment ne pas voir que l'indice rainbow[1] est meilleur dans un pays laïc comme la France que dans des pays restés très

1. L'indice Rainbow est un outil construit par l'International Lesbian and Gay Association (ILGA) afin de classer les pays

religieux comme l'Italie ou la Pologne ? Qu'il est meilleur dans l'Europe de l'Ouest prospère que dans l'Europe centrale dont le développement économique a été retardé par la parenthèse communiste ?

À l'inverse, constatons que l'enrichissement des populations, quand il ne s'accompagne pas d'une réelle démocratisation de la société, ne permet que des progrès limités. Nous le voyons en Chine, où l'homosexualité a été dépénalisée, mais où elle doit impérativement rester sous le radar. Et quand l'enrichissement ne s'accompagne ni de démocratisation ni de sécularisation, le progrès est totalement bloqué. C'est la situation des pays du Golfe où, malgré un niveau de vie très élevé, les personnes LGBT+, compte tenu de l'absence de cadre démocratique et de la primauté de la loi religieuse, sont criminalisées et contraintes à la plus stricte clandestinité.

Cela veut-il dire qu'il n'y a rien à attendre des pays qui ne seraient pas des démocraties riches et laïques ? Aucunement. Il est certes déraisonnable de penser qu'ils puissent, à court terme, à quelques exceptions près, adopter le mariage pour tous et lutter résolument pour l'égalité des droits. Mais la dépénalisation et le refus de la violence est un objectif minimal qu'ils peuvent reconnaître, au nom des droits de l'Homme, de l'impératif de charité ou de « l'obligation de ne laisser personne de côté », comme on le dit dans le langage de l'Onu. Après tout, plus de cent trente États ont

---

en fonction de leur pratique juridique et politique vis-à-vis des personnes LGBT+. Cf. www.ilga-europe.org

dépénalisé, bien plus que le nombre de démocraties dans le monde. Et le mouvement continue, particulièrement actif dans trois régions, l'Afrique centrale, la Caraïbe et l'Océanie. Le fait que, dans beaucoup de pays, de l'Afrique au Moyen-Orient en passant par le Pacifique, la criminalisation des personnes LGBT+ soit un phénomène récent et contraste avec une longue tradition de relative tolérance, fournit un argument puissant. Il permet de lutter contre toutes les formes d'essentialisation. Les populations d'Afrique, contrairement à ce qu'un certain racisme voudrait faire croire, ne sont évidemment pas homophobes par nature. Elles ont fait l'expérience, pendant la plus longue période de leur histoire, et peut-être plus longtemps que les populations occidentales, de l'acceptation de la diversité. Les blocages actuels sont liés à un moment de ce parcours historique, par construction dépassable. L'homophobie n'a pas toujours été ; il n'y a pas de raison qu'elle ne soit pas surmontée. Et chaque pays peut puiser dans son histoire, ses ressources symboliques et culturelles pour s'engager dans cette voie.

Retour sur mon voyage empêché au Cameroun où j'ai réalisé la force du préjugé anti-LGBT+. Puisque je n'ai pas pu me rendre à Yaoundé, j'ai décidé d'inviter à Paris les militants camerounais avec lesquels j'avais rendez-vous. Ils ont fait le déplacement en septembre de la même année. Nous avons longuement échangé au ministère français de l'Europe et des Affaires étrangères avec lequel nous avons décidé d'accroître notre soutien à leurs actions. L'ambassade elle-même les a reçus pour leur adresser les mêmes messages. Il ne se passe pas une semaine, depuis cet incident, sans que j'échange avec des activistes du Cameroun. Par téléphone, par mail, en visioconférence, dans mon bureau à Paris ou lors de voyages dans des pays tiers. Les acteurs de la société civile du Cameroun, même quand ils ne travaillent pas sur les questions LGBT+, veulent souvent me rencontrer et échanger avec moi. Mon numéro de téléphone circule et je réponds chaque fois que je le peux. J'échange avec Shakiro, réfugiée en Belgique après sa détention au Cameroun, ou avec l'avocate Alice Nkom, inlassable défenseuse des jeunes LGBT+. Certains de mes visiteurs s'excusent au nom de leurs autorités et m'assurent que le débat avance, que l'affaire Berthon, comme le scandale de l'emprisonnement de Shakiro, y aura contribué. Que le débat progresse, et c'est ce que j'observe au moment où j'écris ce livre. En juillet 2024, un nouveau scandale éclate avec le *coming out* de Brenda Biya, la fille du président camerounais. Depuis la Suisse, elle publie la photo d'un baiser échangé avec sa compagne. À nouveau, le sujet revient dans le débat public et oblige les Camerounais à se poser la question de la dépénalisation de l'homosexualité. J'ai confiance dans la capacité de ce grand pays à franchir ce pas historique.

La nouvelle croisade anti-LGBT+ de la Russie

Mars 2023. Tbilissi. Je suis en Géorgie, un pays stratégique pour ma mission. Un de ces États où se livre la lutte d'influence entre la Russie et l'Europe. Cette bataille hybride se joue tout particulièrement sur le terrain des valeurs. Le pays, dont une partie du territoire est occupée par la Russie depuis l'invasion de 2008, est particulièrement vulnérable à l'influence du Kremlin. Si la population est majoritairement pro-européenne, le parti au pouvoir, le Rêve géorgien, regarde ostensiblement vers Moscou. Pendant plusieurs semaines, en ce début 2023, des centaines de milliers de gens manifestent contre lui dans les rues de la capitale. L'objet de leur colère est un projet de loi, d'inspiration russe, qui oblige les associations recevant un soutien international à se déclarer « agents de l'étranger ».

Je suis venu apporter le soutien de la France à ces acteurs de la société civile qui font le choix de l'Europe et de ses valeurs. Mais aussi rencontrer les autorités et échanger avec elles sur les questions LGBT+. Je souhaite également profiter de ma présence à Tbilissi pour entrer en contact avec des dissidents et activistes de Russie. Ils sont nombreux à avoir trouvé refuge dans la capitale géorgienne. Comme il m'est impossible de me rendre sur le territoire russe, je n'ai pas d'autres choix pour échanger avec eux que de les voir sur leur terre d'exil.

Alexei est une jeune personne trans avec laquelle m'a mis en contact Urgence Homophobie, association française qui accompagne les demandeurs d'asile. Nous avons rendez-vous dans un café près de l'ambassade de France en Géorgie. Alexei a un visage adolescent, un léger collier de barbe, quelques piercings. Dans ses yeux, une profonde inquiétude. Une impression générale de fragilité. On se dit qu'un coup de vent suffirait à l'emporter. Alexei m'explique que son apparence faisait de lui une cible parfaite en Russie. Il me raconte son calvaire. L'école où il a subi harcèlement et humiliation. L'impossibilité, pendant longtemps, de parler du trouble qu'il ressentait. La culpabilité de se découvrir différent. La solitude aussi. Une solitude extrême que pas la moindre amitié n'est venue rompre. Il me raconte également les difficultés d'accès aux soins d'affirmation de genre. Puis les intimidations et les menaces qui l'ont contraint à fuir la Russie. Seule lumière dans ce paysage de ruines : l'amour de sa mère. Sans lui, Alexei ne sait pas ce qu'il serait devenu. C'est un soutien extraordinaire pour un être humain, disait Freud, que d'avoir été aimé.

À sa demande, je renseigne Alexei sur les possibilités de visa pour la France où il envisage de se rendre pour demander l'asile. Grâce à l'engagement de l'ambassadrice de France en Géorgie et des services du ministère de l'Intérieur français,

Alexei pourra quelques semaines plus tard quitter Tbilissi. Il rejoindra la région de Marseille où il poursuit aujourd'hui sa transition et tente de bâtir une nouvelle vie.

La Russie est à l'heure actuelle l'un des pires endroits au monde pour les personnes LGBT+. La question de l'homosexualité et du genre y est peu à peu devenue une véritable obsession du pouvoir. Tout a commencé avec le tournant conservateur de Poutine au début des années 2010. La protection des valeurs traditionnelles de la Russie s'est alors imposée comme la doctrine officielle du régime. Comme une sorte de substitut, pour justifier le pouvoir autoritaire du Kremlin, de la défunte idéologie communiste. Dès 2013, une première loi anti-LGBT+ est adoptée : elle interdit de faire la promotion des « relations sexuelles non traditionnelles » auprès des mineurs. Il devient alors impossible, sous peine de fortes amendes, d'évoquer l'homosexualité et la transition de genre dans les écoles ainsi que dans les espaces de communication auxquels les mineurs sont exposés.

Mais c'est au début des années 2020 que l'obsession anti-LGBT+ se cristallise. La deuxième guerre contre l'Ukraine, à partir de 2022, joue un rôle d'accélérateur. Les autorités russes adoptent alors une série de lois extrêmement répressives, qui font renouer le pays avec son passé totalitaire. En parallèle, la question LGBT+ se fait de plus en présente dans la propagande du régime, jusqu'à y occuper une place centrale.

Le durcissement du cadre légal a d'abord pris la forme, en novembre 2022, d'une loi contre la « propagande de l'homosexualité, de la bisexualité et de la transidentité ».

Cette loi étend à tous les publics l'interdiction, réservée aux mineurs depuis la loi de 2013, d'accéder à des contenus relatifs à la diversité sexuelle et de genre. Il est désormais proscrit, en Russie, de parler en positif ou de façon neutre des questions LGBT+ dans les médias, la publicité, l'édition, le cinéma, le théâtre, Internet et les réseaux sociaux. Cette loi, qui prévoit des amendes astronomiques, a instauré une atmosphère d'autocensure et de peur. Utilisant les notions vagues de « propagande » et de « promotion », elle laisse une grande part à l'arbitraire et permet de cibler un large éventail d'actions et d'acteurs.

Pour appliquer le contrôle prévu par cette législation, le pouvoir compte sur la délation, mais il semble aussi s'être doté d'instruments spécifiques. Depuis février 2023, il utiliserait un dispositif appelé Oculus, capable de détecter la « propagande LGBT+ » et autres contenus interdits en ligne, avec l'objectif de mieux les censurer. Une chose est certaine : parce qu'elle écarte le sujet et les personnes LGBT+ de l'espace public, la loi de 2022 est vécue par les personnes concernées comme une négation de leur existence. Elle les contraint à vivre leur identité dans le silence et la clandestinité.

Le 14 juillet 2023, la Russie a franchi une deuxième étape avec l'adoption par la Douma d'une loi interdisant de facto la transition de genre. La loi supprime les commissions médicales dédiées à la transidentité. Il est désormais impossible, me rapportent les ONG, d'établir un diagnostic F64 (troubles de l'identité sexuelle) et donc d'avoir accès aux traitements médicaux à vie liés à une transition. Il est également impossible de changer le genre à l'état civil, accroissant le risque de mobilisation au front. La loi annule aussi les mariages conclus par des personnes trans, considérés comme des « mariages homosexuels », qui ne sont pas reconnus en Russie. Elle interdit aux professionnels de santé de prescrire des traitements ou de réaliser des actes « visant à changer le sexe de la personne ». Aux personnes déjà transitionnées, elle fait donc courir le risque d'une détransition forcée. Elle les expose à des effets secondaires qui peuvent être rédhibitoires. Elle peut aussi conduire les professionnels de santé craignant de se trouver hors la loi à leur refuser des soins généraux.

Les transitions faites par les personnes elles-mêmes ne sont pas pénalisées en tant que telles. Mais elles peuvent tomber sous le coup de la législation contre la « propagande LGBT+ ». En outre, les tentatives de se procurer au marché noir les médicaments et traitements nécessaires, désormais interdits, peuvent être pénalisées comme un recours à des narcotiques.

Une troisième décision, lourde de conséquences, a encore durci le cadre légal russe. En août 2023, la Cour suprême a déclaré le mouvement LGBT+ international comme « extrémiste ». La conséquence en est son interdiction pure et simple. Plus aucune association ne peut exister sur les questions LGBT+. Plus aucune activité sociale estampillée « LGBT+ » ne peut désormais être créée et développée, sauf à s'exposer à des peines pouvant aller jusqu'à dix ans de prison. Là encore, les contours de la décision sont flous et laissent une grande marge de manœuvre aux autorités chargées de la mettre en œuvre. Le pouvoir a ainsi multiplié les opérations dans les lieux de convivialité gay, notamment les bars où la police relève systématiquement les identités et force les gens à rester durant des heures couchés par terre. L'objectif est de mettre fin à tous les rassemblements de personnes queer, mais aussi d'imposer un climat de terreur et d'intimidation.

Cette répression officielle met une cible sur le dos des personnes LGBT+ et encourage les passages à l'acte. Si nous ne disposons pas de statistiques exhaustives, les ONG documentent de nombreux tabassages d'homosexuels. Elles font état de la multiplication des « groupes de vigilance anti-LGBT+ », comme celui auquel Alexei a eu à faire. Ces milices, parfois armées, qui cherchent la confrontation avec les LGBT+, seraient des dizaines sur tout le territoire de la Russie. Les ONG rapportent également qu'en cas de menaces ou d'actes de violence envers les personnes LGBT+, la police ne réagit pas et se trouve souvent en collusion avec les organisations homophobes. Certaines ONG nous ont également alerté sur le retour de la psychiatrie punitive qui avait cours pendant la période soviétique. Comme il le faisait avant 1989 pour les dissidents, le pouvoir enverrait dorénavant des personnes trans dans des cliniques pour les « guérir ». On ose à peine imaginer les traitements, chimiques notamment, auxquels elles sont soumises dans ces unités spéciales.

La situation des LGBT+ s'est aussi notablement détériorée dans les prisons. Les homosexuels y sont au bas de la sinistre hiérarchie qu'y imposent les détenus. Ils font partie des « intouchables ». Ils sont condamnés à faire les travaux les plus difficiles et les plus sales. Ils sont à la disposition des autres détenus, qui peuvent les asservir, les torturer, les violer. Les « intouchables » ne sont pas tous, bien sûr, LGBT+, mais tous les LGBT+ sont assurément « intouchables ». Pour échapper à l'enfer carcéral, certains homosexuels se portent volontaires pour aller au front en Ukraine. Un suicide programmé.

La mise en place de cette répression légale s'accompagne du développement d'un narratif de plus en plus violent, et quasi obsessionnel, contre les LGBT+. Cette rhétorique occupe une place grandissante dans le discours du Kremlin sur la défense des « valeurs traditionnelles ». Les personnes LGBT+ sont régulièrement présentées par la propagande officielle comme des êtres « pervers » et « diaboliques », qui menacent de détruire la famille, la nation, la civilisation. Elles seraient des « sous-hommes », des « déviants », des « représentants d'un mouvement satanique », les « bacilles » d'une « nouvelle inhumanité ». Un lexique outrancier et déshumanisant, caractéristique des régimes totalitaires, qui vise à retirer toute humanité à ses ennemis pour mieux faire accepter leur élimination.

C'est donc une véritable homophobie d'État qui s'est installée à Moscou. Imposée par le Kremlin et ses pseudo-penseurs comme Alexandre Douguine, elle est soutenue par l'Église orthodoxe du patriarche Kirill et puissamment relayée par les médias. Il ne se passe pas un jour, en Russie, sans que la presse, la radio, la télévision dénoncent les dangers pour la nation de l'homosexualité. Le péril LGBT+ a pris une place disproportionnée dans l'espace public. C'est devenu une idée fixe. Une obsession nationale.

La logorrhée officielle établit un lien entre la question LGBT+ et celle de l'Occident. Alors que la Russie résisterait à la propagation de l'homosexualité et de la transidentité, les pays d'Europe et d'Amérique en seraient envahis. Pire, ils s'emploieraient à normaliser et à promouvoir ces pratiques « sataniques ». Ce serait l'un des signes les plus visibles de leur déclin. Pire encore, ils chercheraient à les diffuser dans le monde entier, en particulier en Russie, pour l'anéantir. Ce serait l'un des éléments de la guerre que l'Occident « global » et « décadent » aurait déclarée au peuple russe.

Refus de l'homosexualité et stigmatisation de l'Occident vont donc de pair. Les LGBT+ ne sont pas seulement un danger intérieur, mais aussi des « agents de l'étranger », une 5e colonne, une sorte de cheval de Troie de « l'Occident transgenre » et de la « Gay Europa ». Poutine développe lui-même cette rhétorique, notamment lors de ses interventions au club de discussion Valdaï en 2013 et 2021, ou dans son discours annuel à la nation en 2023. Il accuse l'Occident d'avoir fait de la « pédophilie » une norme et de reconnaître « une dizaine de genres ». Il répète qu'en Europe les hommes ne seraient plus des hommes, ni les femmes des femmes, et que les concepts de « père » et de « mère » seraient en cours de disparition. Il assène que « l'autodétermination de son sexe par un enfant » est « à la limite du crime contre l'humanité ».

Depuis la guerre en Ukraine de 2022, l'obsession a redoublé de vigueur. La propagande anti-LGBT+

est devenue folle. Elle a pris une tournure apocalyptique et carnavalesque. Parmi les périls imaginaires justifiant la guerre d'agression de 2022, la propagande ne s'est pas contentée d'invoquer la prétendue « menace de l'Otan », ou la fantasmagorique « résurgence du nazisme en Ukraine ». Elle a aussi mis en avant, fait relativement nouveau, la « menace LGBT+ ». Au lendemain de la chute de Marioupol, les médias officiels affirment le plus sérieusement du monde que leurs soldats ont démantelé le « quartier général LGBT+ » que la CIA avait mis en place dans cette ville pour propager les pratiques diaboliques de l'Occident. Kadyrov, rarement en reste sur ce sujet comme sur bien d'autres, explique que l'Ukraine serait tout simplement « un terrain d'essai pour l'expérimentation LGBT+ ».

Dans l'univers parallèle du Kremlin, la guerre permet de barrer la route aux mœurs décadentes de l'Occident libéral qui menaçaient de s'introduire dans le monde russe via l'Ukraine. Elle n'est pas seulement une guerre de territoire. Elle est aussi une guerre pour défendre les valeurs profondes de la Russie. Une « guerre métaphysique », selon le patriarche Kirill.

Nous le savons, le comble du raffinement chez les paranoïaques consiste à mêler les différents thèmes complotistes, au risque du saugrenu, voire de l'oxymore : ainsi la propagande russe aime-t-elle qualifier les Ukrainiens de « Nazi-LGBT+ » ou les « instructeurs de l'Otan » de marionnettes aux mains des LGBT+ occidentaux. Comme si deux mensonges faisaient une vérité.

Le 30 septembre 2022, Poutine prononce un discours pour se féliciter de l'intégration à la Russie des républiques séparatistes du Donbass. Il déclare : « Voulons-nous vraiment que la Russie ait un parent numéro 1, numéro 2, sommes-nous fous ? Voulons-nous que l'on enseigne à nos enfants qu'il existe d'autres genres que le sexe ? Voulons-nous que nos écoles endoctrinent dans des perversions qui mènent à la dégradation et à l'extinction ? » Le lien est ainsi fait, par Poutine lui-même, entre la guerre contre l'Ukraine et la défense des valeurs traditionnelles.

Pourquoi cette fixation, sans réel précédent dans l'Histoire, sur la question LGBT+ ? Pour certains, elle serait l'expression d'une angoisse profonde de la société russe. Pour d'autres, elle relèverait surtout d'une instrumentalisation du pouvoir politique. Il me semble que les uns et les autres ont également raison.

L'obsession LGBT+ est incontestablement le symptôme d'une société malade, à tout le moins inquiète. Inquiète d'abord de sa dénatalité et de son déclin démographique. La Russie a perdu 12 millions d'habitants depuis la chute de l'Union soviétique. Sa population se réduit à une vitesse vertigineuse alors que celle de l'Europe continue de croître. Inquiète, la Russie l'est aussi au sujet de l'insuffisance de sa population masculine : en raison de leur plus grande mortalité, les hommes sont 10 millions de moins que les femmes, ce qui constitue un déficit hors norme. Les pertes colossales de la guerre en Ukraine, dont le pouvoir russe est seul responsable, vont encore accroître cette extraordinaire pénurie d'hommes.

Inquiète, la Russie l'est enfin à propos de l'avenir de la famille. 70 % des mariages se terminent en divorce, contre 45 % en France. En cause : les violences domestiques, que Poutine a dépénalisées en 2017 au nom des valeurs traditionnelles de la Russie. Les hommes ayant reçu un permis de battre leur épouse, la violence intra-familiale atteint un niveau inouï. La Russie est le pays des femmes battues : 15 000 d'entre elles meurent chaque année sous les coups de leur conjoint, soit environ 50 fois plus qu'en France. En cause également : l'alcoolisme. C'est une plaie séculaire dont la Russie n'arrive pas à se défaire : elle serait associée à plus de 80 % des violences commises dans les foyers, et par voie de conséquence l'un des principaux facteurs d'explication des divorces.

L'obsession LGBT+ permet à la société d'exprimer ses angoisses vis-à-vis de ce délitement de la famille et de ce déclin démographique. Elle permet en même temps de faire diversion, de cacher les vraies causes de ces malheurs. La famille se désagrège ? Il faudrait admettre que cela est dû à la violence des hommes et aux ravages de l'alcool. Mais cette reconnaissance blesserait l'amour-propre. On préfère accuser les homosexuels. La population décline ? La vraie raison est la surmortalité masculine et le déséquilibre numérique qui en résulte entre les hommes et les femmes. Là aussi, il est plus confortable d'incriminer les homosexuels.

L'homosexuel apparaît ainsi comme le bouc émissaire, le responsable imaginaire des maux de la société russe. Il permet de dissimuler la véritable origine des calamités qui frappent le pays et de soulager le sentiment d'angoisse que ces désastres infusent dans la population.

Cette explication, aussi vraie soit-elle, n'est pas suffisante. D'autres peuples, de niveau de développement équivalent, sont confrontés à la chute de leur démographie ou à un éclatement des structures familiales. Pourtant, l'homophobie ne prend pas chez eux la dimension délirante que l'on rencontre en Russie. C'est que le sentiment anti-LGBT+ du peuple russe, écho de ses angoisses existentielles, est manipulé par le pouvoir politique. Il est amplifié par la propagande qui ne laisse de représenter au public le danger que constitueraient les LGBT+. Nous avons affaire à une authentique instrumentalisation politique.

Le Kremlin a fait le choix de s'emparer de ce sujet parce qu'il a besoin de boucs émissaires pour fédérer la population. C'est le réflexe de tout pouvoir dépourvu de légitimité démocratique et confronté à des conflits qu'il a lui-même créés. Il est toujours à la recherche de menaces imaginaires pour se placer dans la posture de celui qui en protégera le peuple. La stigmatisation des LGBT+, comme autrefois celle des « capitalistes » ou des « Juifs », a l'avantage de souder la population à son chef. Elle canalise la colère et la peur, toujours susceptibles de se réveiller quand le pouvoir repose sur la force, en les dirigeant contre une victime innocente présentée tout à la fois comme un traître à la solde de l'étranger et comme un élément « corrompu » menaçant la pureté et l'homogénéité du peuple. Elle transforme la potentielle et dangereuse violence de tous contre tous, ou encore la violence de la société contre le pouvoir, en violence de tous contre un seul. Le Kremlin retrouve ici les modes opératoires de l'Union soviétique qui, à partir de

Staline, avait fait de l'homosexualité un crime punissable de prison, l'avait associé à une « perversion bourgeoise », voire au « fascisme », et avait soumis les homosexuels à sa vaste politique de surveillance des corps et des esprits.

En attaquant les LGBT+, le pouvoir russe s'en prend aussi de façon indirecte au modèle démocratique, dont il craint la contagion. La critique de la démocratie, si l'on veut bien y réfléchir, n'est pas chose si aisée. Chacun préfère être gouverné par des personnes qu'il a choisies plutôt que par un tyran. Chacun préfère s'exprimer librement plutôt que se taire. Avoir des droits plutôt qu'en être privé. Comme il est difficile de trouver à redire à la démocratie en elle-même, on s'en prend donc à ses fruits jugés immoraux, évidemment en les travestissant. Regardez la démocratie, semble dire la propagande du Kremlin à tous les Russes qui en rêveraient encore, elle conduit tout droit à la disparition de la différence des sexes, à la pédophilie, à la destruction de la famille et de tout ce que nous tenons pour sacré. Qui voudrait de ce produit avarié ? La question LGBT+ est bien un instrument, voulu par les dirigeants de la Russie, pour justifier leur régime autocratique et asseoir leur propre pouvoir.

Elle est également un instrument de politique étrangère, en particulier dans la guerre hybride que la Russie mène contre le prétendu « Occident global ». En Afrique et au Moyen-Orient, dans le Caucase et les Balkans, comme dans tous les pays qu'il sait conservateurs sur les questions de mœurs, Moscou appelle ses partenaires à tourner le dos aux Occidentaux au motif que ces derniers chercheraient à imposer au monde le mariage gay et toutes sortes de pratiques « décadentes ». Le Kremlin promeut auprès de ces pays affinitaires non seulement son narratif anti-LGBT+, mais aussi les outils législatifs qu'il a imaginés contre les « perversions occidentales », en particulier la loi contre la « promotion des relations sexuelles non traditionnelles » ou la loi sur les « agents de l'étranger », comme en Géorgie. La question LGBT+ sert ainsi à rallier le maximum de pays, notamment ceux du Sud dit « global », à une internationale conservatrice contre les démocraties libérales.

La rhétorique anti-LGBT+ du Kremlin s'adresse également aux opinions et aux mouvements conservateurs qui existent au sein des pays démocratiques, en Europe et en Amérique. Il s'agit de les séduire et de les retourner contre leurs gouvernements libéraux. Cela s'inscrit dans une stratégie plus globale de division et de déstabilisation des démocraties, qui fait feu de tout bois et se déploie prioritairement sur les réseaux sociaux ou via les partis amis.

Le retour de Donald Trump au pouvoir complique l'entreprise du Kremlin. Il est devenu absurde de dénoncer « l'Occident global », en particulier sur la question LGBT+. Car la nouvelle administration américaine s'érige, comme la Russie, en chantre des valeurs traditionnelles. Elle tourne le dos aux idéaux libéraux et s'en prend aux droits des personnes LGBT+. Qu'à cela ne tienne ! La propagande russe sait faire preuve de plasticité. C'est sur la seule Europe qu'elle tire maintenant à boulets rouges. C'est l'Europe qui est « nazie », qui est « gay », qui menace la « civilisation chrétienne ». Jusqu'à la prochaine alternance à Washington.

On ne mesure pas toujours la nouveauté de ce qu'il se passe en Russie sur la question LGBT+. Les pouvoirs totalitaires ou nationalistes du XXe siècle avaient persécuté les homosexuels. Ils n'étaient pas allés jusqu'à en faire l'un de leurs principaux boucs émissaires. C'est ce qui est à l'œuvre dans la Russie d'aujourd'hui. Cela constitue un précédent historique.

La Géorgie, où je me trouve en ce mois de mars 2023, a remporté une victoire. Les manifestations de masse dans les rues de la capitale ont fait reculer le gouvernement pro-russe. Ce dernier a retiré sa loi sur les « agents de l'étranger ». Mais la victoire sera de courte durée. Un an plus tard, le parlement adopte ce texte inique, en passant outre le veto de la présidente Salomé Zourabichvili. Il votera aussi une loi, copiée-collée de la législation russe, sur la « protection des valeurs familiales et des mineurs », qui interdit d'évoquer les questions LGBT+ dans l'espace public. Les élections truquées d'octobre 2024 et le départ du pouvoir de la présidente Zourabichvili ont ruiné tout espoir de mettre fin à court terme à cette dérive illibérale. Moscou a gagné la partie. Mais les combattants de la liberté en Géorgie, les activistes LGBT+ en particulier, n'ont pas déposé les armes. Chaque soir, ils sortent dans les rues de Tbilissi et brandissent des drapeaux européens. Dans ce Caucase où Eschyle situait la prison de Promethée, la bataille continue de faire rage entre deux visions de la société, l'une organisée autour de l'émancipation de la personne humaine, l'autre autour de sa soumission au collectif. Mais la tragédie grecque est formelle : à la fin, Prométhée est délivré.

Ce Sud, tout sauf « global »
L'Afrique aux multiples visages

Le Cap. 12 novembre 2024. Je suis au sommet mondial de l'International Lesbian and Gay Association (ILGA). C'est la plus grande conférence internationale jamais organisée sur les questions LGBT+. Près de 1 500 personnes, issues d'une centaine de pays, se sont donné rendez-vous pour faire un point sur la situation des droits dans le monde. À la fin d'une table-ronde à laquelle je participe, je fais la rencontre d'Ahmed. Ahmed vient du Sénégal, où il dirige une association. Sa ville, Kaolack, a été le théâtre un an plus tôt d'un fait tragique qui a sidéré les communautés LGBT+ partout sur la planète. Il en a été le témoin, et me raconte.

Cela s'est passé le 28 octobre 2023, dans le quartier Léona Niassène, qui abrite un cimetière. La veille, un jeune homme d'une trentaine d'années y avait été inhumé. Sa mère avait d'abord voulu l'enterrer dans la ville de Touba, mais elle en avait été empêchée. Le garçon était présumé homosexuel et il avait été jugé « indécent » de l'inhumer dans le cimetière de cette ville religieuse. Elle s'était donc rabattue sur Kaolack. Mais le lendemain de l'enterrement, des individus se sont rendus au cimetière Léona Niassène.

Persuadés que le corps impur de ce goor-jigeen[1] contaminerait les autres sépultures, ils ont arraché de sa tombe la dépouille mortelle du jeune homme. Après l'avoir exhumé, ils l'ont traîné au sol dans les allées du cimetière, puis dans les rues adjacentes. Là, ils ont mis le feu au cadavre. Devant ce brasier humain, un groupe de plusieurs centaines de personnes fanatisées s'est rapidement formé. La foule a laissé éclater sa joie, dansé et crié sa haine des homosexuels. La mère du supplicié a assisté à la scène, impuissante, avant de faire un malaise et d'être extirpée, à demi inconsciente, de ce spectacle monstrueux. Ce type d'exhumation, condamné par les autorités, s'est déjà produit dans le pays et a d'ailleurs inspiré au grand romancier sénégalais Mohamed Mbougar Sarr l'un de ses livres les plus puissants, *De purs hommes*[2].

Cette scène d'une atrocité inouïe montre qu'il est des haines si tenaces qu'elles poursuivent leurs victimes jusque dans la mort. Des haines si insensées qu'elles nous placent en dehors de toute rationalité. Elle nous rappelle que, dans de nombreux pays, l'hostilité envers les personnes LGBT+ prend une forme radicale et les condamne à cette « vie solitaire, dangereuse, bestiale, brève » qui pour Hobbes est la condition des hommes en dehors du contrat social. Cette

1. Terme qui désigne un « homme-femme » en wolof.

2. Mohamed Mbougar Sarr, *De purs hommes*, 2018, Éditions Philippe Rey.

hostilité totale, nous la rencontrons en premier lieu là où les lois criminalisent les relations homosexuelles, c'est-à-dire en Afrique, au Moyen-Orient, dans certains pays d'Asie, de la Caraïbe et du Pacifique. Au fond, dans le monde en développement. Ou, si l'on préfère, dans ce que l'on a pris l'habitude d'appeler le « Sud ».

Mais gardons-nous des généralisations. Tous les pays du Sud n'affichent pas cette aversion totale pour les personnes LGBT+. Loin de là. L'Afrique du Sud est très libérale et son exemple inspire les pays de son environnement régional. L'Amérique du Sud l'est plus encore. Elle est même l'une des régions les plus progressistes de la planète, avec l'Europe et l'Amérique du Nord. En Asie, la Thaïlande, le Népal ou Taïwan n'ont rien à envier à beaucoup de pays européens, tandis que la Chine et l'Inde se tiennent à l'abri de toute espèce de radicalisation. Sur cette question LGBT+ comme sur la plupart des autres, rien n'est moins « global » que le Sud. Certes, celui-ci abrite les pays les moins LGBT+-friendly, mais il reste un ensemble profondément hétérogène où se mêlent hostilité et tolérance, ouverture et crispation.

Arrêtons notre regard sur les différentes régions de ce Sud prétendument « global ». En commençant par l'Afrique. Entre le détroit de Gibraltar et les chutes Victoria, la situation est extrêmement difficile pour les personnes LGBT+. À l'exception notable de quelques pays, la radicalité de l'homophobie et la dureté des lois en vigueur sont telles qu'il n'est pas possible d'être ouvertement gay ou trans sur le continent. En dehors de quelques havres de tolérance, les personnes LGBT+ sont à la merci des arrestations policières et des manifestations de violences spontanées, comme en Côte d'Ivoire durant l'été 2024 quand une campagne appelant à l'élimination des « woubis[1] » a contraint des milliers de personnes à se terrer chez elles.

Au regard du droit, trois catégories de pays se dessinent. Dans trente pays sur cinquante-quatre, la loi interdit purement et simplement l'homosexualité. Les sanctions varient selon les États et s'échelonnent de l'amende à la peine de mort, en passant par la prison, les coups de fouet[2], les travaux forcés. C'est évidemment la pire des situations. Dans dix-sept autres pays, il n'existe pas de loi pénalisant explicitement les relations homosexuelles, mais les personnes LGBT+ sont souvent poursuivies sur la base de dispositions législatives plus générales touchant aux « bonnes mœurs ». Une situation guère plus enviable. Certains États du Sahel sont ainsi très répressifs alors même qu'ils n'ont pas de lois criminalisant explicitement. Mais il existe une troisième catégorie de pays : sept États ont dépénalisé l'homosexualité et se sont dotés de lois protectrices. Parmi eux, l'Afrique du Sud, qui est le seul pays à avoir une législation complète incluant le mariage pour tous. Les autres sont le Botswana, l'Angola, l'île Maurice, le Cap-Vert, les Seychelles et Sao Tomé-et-Principe.

---

1. Terme péjoratif désignant les homosexuels.

2. Dans les États du nord du Nigeria, par exemple, les coups de fouet constituent une des sanctions possibles pour l'homosexualité.

Il est difficile de documenter avec précision la façon dont les différents pays appliquent les lois anti-LGBT+ ou les législations sur les bonnes mœurs. Elles sont mises en œuvre de manière sporadique, au gré des humeurs du pouvoir, des faits divers, de l'actualité nationale ou internationale. Dans certains pays, les communautés LGBT+, pour autant qu'elles restent discrètes, vivent tranquillement pendant des périodes plus ou moins longues, avant d'être victimes du harcèlement des autorités.

La gravité des peines est naturellement un paramètre décisif. La quasi-totalité des trente pays qui pénalisent directement l'homosexualité prévoient des peines de prison dont la durée varie de quelques mois à trente ans. Certains militants demandent, à défaut de la dépénalisation complète, l'arrêt des incarcérations. Rien n'est pire, pour la dignité des innocents, que la privation de liberté. Dans trois États – la Gambie, le Soudan, la Tanzanie –, la prison à vie attend les personnes convaincues d'homosexualité. Et quatre pays – Somalie, Mauritanie, Nigeria, Ouganda – disposent officiellement de la peine de mort.

En Mauritanie, un moratoire effectif sur la peine de mort a été mis en place. Au Nigeria, pays fédéral, seuls les États du Nord, où la charia est appliquée, incluent effectivement la peine capitale dans leur arsenal de sanctions. Dans ces régions du Nigeria comme en Somalie, il est difficile de savoir si l'on continue d'exécuter et dans quelle proportion. Les autorités ne communiquent pas sur le sujet et les chefs d'inculpation mêlent souvent l'homosexualité à d'autres crimes, supposés ou réels. En Somalie, mais aussi en Libye, des exécutions sont également perpétrées par des groupes qui ont pris le contrôle de certaines parties du pays.

En Ouganda, la loi qui a instauré la peine capitale en 2023 n'est pas appliquée à ce stade. Son adoption a déclenché un scandale international. Nous nous étions habitués à considérer la peine de mort pour les cas d'homosexualité comme un legs du passé. Voilà qu'un pays ne disposant pas de cette sanction décidait de s'en doter. Une bien triste première. La pression de nombreux États, mais aussi de la Banque mondiale et de firmes multinationales comme Total, n'a pas réussi à convaincre les autorités de retirer la loi instaurant la peine de mort. Mais elle est parvenue à les dissuader de l'appliquer. Je suis en contact régulier avec les militants ougandais, notamment Adrian Jjuuko et Clare Byarugaba, pour calibrer au mieux notre action diplomatique. L'Ouganda est un test grandeur nature de la capacité de la communauté internationale à éviter les pires régressions pour les personnes LGBT+. Invitée à s'exprimer le 17 mai 2025 au Quai d'Orsay, Clare Byarugaba, coordinatrice de *la Coalition de la société civile pour les droits de l'Homme et le droit constitutionnel*, explique que si la peine de mort n'est heureusement pas appliquée dans son pays, la nouvelle loi a entraîné une augmentation dramatique de la violence anti-LGBT+.

Dans l'ensemble des États d'Afrique où la loi interdit les relations consensuelles entre adultes de même sexe, les arrestations peuvent survenir suite à un flagrant délit d'homosexualité. Mais la procédure est plutôt rare. Le plus souvent, les forces de l'ordre perquisitionnent des endroits soupçonnés d'accueillir des activités illégales. Ce peuvent être des bars ou des boîtes de nuit, des refuges LGBT+, des locaux d'associations de prévention du sida, voire même des espaces privés où se déroulent des fêtes, que certaines autorités assimilent à des « mariages gay » pour les discréditer[1]. Les personnes LGBT+ sont parfois dénoncées à la police en raison de leur apparence, de leurs manières, de leur expression. Il peut suffire qu'un garçon soit efféminé, ou une fille coiffée de façon masculine. Après leur arrestation, les forces de l'ordre s'emploient à trouver des preuves de leur homosexualité ou de leur transidentité. C'est en général dans les contacts, les photos et les messages des téléphones portables qu'elles les découvriront.

Dans certains pays, comme la Tunisie, le Cameroun, l'Égypte, l'Ouganda, la Zambie, la police pratique des tests anaux pour vérifier si l'homme qu'elle a interpellé a eu des relations sexuelles avec un autre homme. Une pratique honteuse, humiliante, dont les militants tunisiens ont raté de peu l'abolition à l'époque du président Béji Caïd Essebsi, entre 2014 et 2019. Parfois, c'est la présence de préservatifs, de médicaments antirétroviraux ou de *sex toys* qui constituent les pièces à conviction. Il arrive aussi

1. C'est ce que montre notamment le rapport d'ILGA de 2023 : « Nos identités en état d'arrestation » – https://ilga.org/wp-content/uploads/2024/03/Nos_Identites_En_Etat_D_Arrestation_2023.pdf

que des aveux soient arrachés sous la torture. Mais la méthode la plus efficace pour les policiers consiste à piéger les victimes via des applications de rencontre comme Grindr. Ce sont de véritables guet-apens, qui sèment la terreur dans les communautés LGBT+. Sous de faux profils, les agents de police proposent des rendez-vous à leurs proies. Que celles-ci répondent et le piège se referme aussitôt. Ce type d'embuscades est documenté en Égypte[1]. Nous savons aussi qu'il peut être le fait de prétendus « groupes d'autodéfense ».

Dans la quasi-totalité des pays où la révélation de l'homosexualité d'une personne équivaut à sa condamnation à mort sociale, les LGBT+ sont également victimes de chantage. Pour leur extorquer de l'argent, et parfois des faveurs sexuelles, n'importe qui peut les menacer de révéler leur orientation sexuelle ou leur véritable identité de genre. Elles sont à la merci des réseaux de malfrats comme des petites frappes de quartier. Dans quelques pays, ce sont les policiers eux-mêmes qui se livrent à ce type d'escroquerie. Pour arrondir leurs fins de mois, ils menacent des personnes gay ou trans de les arrêter et ne mettent fin à leur intimidation qu'en échange de pots-de-vin. Il n'est pas rare non plus que les policiers les arrêtent, puis obtiennent un bakchich de leurs proches pour les libérer. Ces pratiques mafieuses sont devenues la base d'une véritable économie dans certaines régions d'Afrique.

---

1. Rapport d'ILGA mentionné *supra*, p. 55.

Quasiment partout, un statut économique ou social privilégié permet de se protéger contre ces persécutions. Les gays ne sont pas égaux entre eux en Afrique, comme dans beaucoup de régions du monde. Les plus riches peuvent payer les sommes demandées par les maîtres chanteurs, s'acheter les services d'un bon avocat, s'acquitter des cautions exorbitantes qui conditionnent souvent, en cas d'arrestation, une remise en liberté. Dans leurs maisons avec jardin, ils sont aussi mieux en mesure de préserver leur intimité, à l'abri des regards du voisinage. Et naturellement, ils peuvent plus facilement obtenir un visa pour sortir du pays s'il le faut. Privés de tous ces moyens, les plus pauvres sont pieds et poings liés, sans aucune échappatoire. Cette injustice, toutes les victimes me la racontent de façon lancinante. C'est le cas des Ivoiriens victimes de la campagne anti-Woubis lancée à l'été 2024 par le « Général Osée », Camille Makosso et d'autres entrepreneurs de haine. Toute la communauté doit alors se cacher. Avec le remarquable président de Stop Homophobie, Terrence Katchadourian, qui connaît bien la Côte d'Ivoire, nous nous entretenons avec certains de ses membres. Nous sommes frappés par la façon disproportionnée dont les plus pauvres sont touchés par cette crise. Ils n'ont aucun endroit pour se réfugier. Nous nous assurons qu'une aide d'urgence leur parvienne pour les mettre à l'abri dans une ville éloignée de leur lieu de résidence habituel.

La dynamique est globalement négative sur le continent. Depuis quelques années, le conservatisme gagne du terrain. La réprobation sociale de l'homosexualité et de la transidentité s'accentue. La question LGBT+ est devenue explosive dans l'opinion et les flambées de violence sont de moins en moins rares. Je reçois régulièrement sur mon smartphone, spectacle insoutenable, des vidéos de lynchage ou d'humiliation publique. Ces images prises dans des villages ou dans les quartiers pauvres des grandes métropoles circulent parmi les militants, qui me les envoient par WhatsApp. On y voit le plus souvent des hommes auxquels on arrache leurs vêtements et sur lesquels la foule se déchaîne.

La tentation des politiques d'instrumentaliser la question est de plus en plus grande. En désignant les homosexuels à la vindicte populaire, les dirigeants sont assurés de gagner des voix et de détourner l'attention des vrais problèmes du pays, parfois de leurs propres turpitudes. Pas étonnant que les discours officiels à caractère homophobe explosent. Fin 2023, au Burundi, le président a estimé que les homosexuels devraient être rassemblés dans un stade pour être lapidés. Au Kenya, quelques mois plus tôt, le vice-président du pays a jugé « satanique » une décision de la Cour suprême autorisant les LGBT+ à créer des associations. En Tanzanie, en 2018, le gouverneur de Dar es-Salaam, proche du président, a appelé à dénoncer les homosexuels au motif qu'ils « foulent aux pieds les valeurs morales des Tanzaniens et des deux religions chrétienne et musulmane ». « Donnez-moi leurs noms ! », s'est-il écrié en lançant cette chasse aux sorcières. L'intense vague d'hostilité et de répression qui s'est ensuivie a vraisemblablement touché des milliers de personnes.

En parallèle, certains pays entreprennent de durcir leur cadre légal. J'ai évoqué l'Ouganda, qui entend introduire la peine capitale. Il faut aussi mentionner les pays du Sahel, qui semblent décidés à mettre fin à un certain flou juridique et à pénaliser de façon explicite l'homosexualité. Le renforcement de la répression légale est même une tentation dans un pays comme le Ghana, qui a longtemps fait figure de modèle en Afrique. Un projet de loi instaurant de longues peines de prison, jusqu'à dix ans, pour les défenseurs de la cause LGBT+, a été voté par le parlement, puis bloqué par le président Nana Akufo-Addo. Après l'alternance politique fin 2024, il était à craindre que ce projet de loi controversé, à rebours de la tradition de tolérance du pays, ne soit remis sur le tapis.

Quand ils ne changent pas leurs lois pour les rendre plus répressives, nombre de pays appliquent plus brutalement les lois existantes. Les arrestations et détentions arbitraires se sont ainsi multipliées ces dernières années. En 2022, la Zambie reconnaissait s'être saisie d'une quinzaine de cas de sodomie, dont l'un avait débouché sur une condamnation à huit ans de prison, assortie de travaux forcés. En 2023, en Érythrée, 300 personnes ont été arrêtées. Entre avril et juin de la même année, en Tanzanie, 90 personnes ont fait l'objet de divers coups de filet.

Comment expliquer cette régression ? Dans nombre de pays, elle est une réaction à la visibilité plus grande des personnes LGBT+ depuis les années 1990. Les sociétés africaines ont connu, après la chute du mur de Berlin, une vague de transition démocratique. Au nord du continent, elles ont aussi bénéficié, au début des années 2010, du vent de liberté créé par les Printemps arabes. Dans ce contexte de libéralisation, on a vu apparaître des collectifs ou des associations qui se sont mis à défendre, de façon plus ou moins directe, les minorités sexuelles et de genre. Le sida a aussi joué un rôle. En obligeant à mettre en place des programmes de santé publique pour les hommes ayant des rapports avec les hommes, souvent avec le soutien de fonds venus de l'étranger[1], il a conduit les autorités à une forme de reconnaissance implicite de l'homosexualité. Nous assistons aujourd'hui au retour du bâton. Cette homosexualité plus visible provoque un mouvement de rejet dans l'opinion. Car les sociétés restent majoritairement conservatrices. Elles demeurent très marquées par l'injonction de se marier, par la distinction très nette des rôles masculins et féminins, la promotion d'une virilité forte et dominante. Autant la population pouvait tolérer l'homosexualité quand elle était totalement cachée, autant se sent-elle aujourd'hui offensée par ce qui ressemble à un début d'affirmation.

Le rejet est aussi celui de l'homosexualité plus visible et décomplexée de l'Occident. N'importe quel Africain ayant accès aux médias, à Internet, aux réseaux sociaux, ne peut ignorer que les personnes de même sexe ont désormais la liberté de se marier dans nombre de pays européens et américains. Cela renforce la crispation sur la question LGBT+.

---

1. Voir l'article de Patrick Awondo, Peter Geschiere et Graeme Reid : « Homophobic Africa ? Toward a More Nuanced View », *African Studies Review*, vol. 55, n° 3, décembre 2012.

Si aujourd'hui nous dépénalisons l'homosexualité, ai-je entendu dans beaucoup de pays africains, demain nous devrons permettre aux homosexuels de se marier ! Donnez-leur la main, ils vous prendront le bras ! Dans le monde « global », plus rien ne peut être soustrait au regard de n'importe qui d'entre nous. Les évolutions dans une partie de la planète, particulièrement dans les sociétés occidentales, rétroagissent rapidement sur d'autres points du globe. Le progrès en Europe peut provoquer un contrecoup sur d'autres continents, et les temporalités, autrefois séparées, s'entrechoquent. Pour le meilleur comme pour le pire.

Ce *backlash* africain sur le sujet LGBT+ est inséparable d'une dynamique plus générale. Il est inextricablement lié à la crise de la démocratie et au surgissement, un peu partout sur le continent, de courants nationalistes et souverainistes qui prônent un retour aux valeurs authentiques du pays. Fini le temps où les élites allaient chercher leur boussole intellectuelle et politique soit dans la philosophie libérale de l'Occident, soit dans l'idéologie marxiste promue par Moscou et Pékin. Soixante ans après la décolonisation, l'eau a coulé sous les ponts. C'est désormais dans la culture, l'histoire, la religion de leurs pays que les Africains vont puiser leurs références et leurs valeurs. Et parce qu'on ne se pose qu'en s'opposant, selon la vieille formule hégélienne, ils sont mécaniquement portés à s'opposer au Nord, surtout à l'Occident qui abrite les anciennes puissances coloniales.

Les pays d'Afrique embarqués dans ce mouvement de néosouverainisme cherchent donc des raisons de se différencier et de rejeter le modèle de la société occidentale.

Des raisons, la question LGBT+ leur en fournit de très puissantes, et très efficaces. Car encore une fois, la tolérance vis-à-vis de l'homosexualité, du mariage entre personnes de même sexe et de l'homoparentalité constitue l'un des traits des sociétés européennes et américaines les moins bien acceptés par les populations. Il est peut-être même celui qui les choque le plus. « On ne veut pas de ça chez nous », est le cri spontané de la majorité pour laquelle l'homosexualité est extérieure à la culture africaine. La question LGBT+ est donc utilisée pour nourrir le sentiment anti-occidental et montrer un retour aux racines et à l'authenticité. Chaque fois qu'une personnalité publique dénonce l'homosexualité, elle ne manque pas de rappeler qu'il s'agit d'un « vice occidental » dont il faut protéger l'Afrique. La question LGBT+ est devenue un instrument dans une bataille culturelle et politique qui la dépasse. Un instrument dont la Russie, qui cherche à remplacer les Européens en Afrique, encourage évidemment l'utilisation.

S'agit-il seulement d'un pur et simple calcul pour discréditer l'Occident ? Sans doute pas. Les dirigeants qui tiennent des propos homophobes sont souvent convaincus de ce qu'ils affirment. Ce néosouverainisme s'accompagne du culte de l'homme fort et de la virilité, par quoi il ressemble au populisme des pays du Nord. Il est inséparable de la détestation de tout ce qui est efféminé et de la réaffirmation des valeurs masculines. Le rejet des LGBT+ fait donc naturellement partie de son logiciel.

Le néo-souverainisme, c'est également la haine des élites traditionnelles, autre trait commun à tous les populismes. Les élites honnies, issues de la décolonisation, sont accusées d'être corrompues. Parmi les perversions qui leur sont imputées figure très souvent l'homosexualité. Dans les hautes sphères du pouvoir, on se livrerait à la sodomie dans le cadre de cérémonies de sorcellerie. Les jeunes qui accepteraient de se soumettre à ces rites pervers[1] connaîtraient une ascension sociale record. Tout se passe comme si, dans cette théorie du complot très répandue dans des pays comme le Cameroun, les populations avaient gardé le souvenir des pratiques d'homosexualité rituelle qui avaient cours à l'époque précoloniale, mais les réinterprétaient à la lumière du système de valeurs d'aujourd'hui, fortement imprégné de religion monothéiste.

Le regain de religiosité des sociétés africaines est aussi un paramètre important pour expliquer le raidissement actuel sur la question LGBT+. Plus de 9 habitants de l'Afrique sur 10 se reconnaissent dans une religion, qu'il s'agisse du christianisme ou de l'islam[2]. Or les conceptions dominantes sur les questions sexuelles et de genre, quelle

---

1. Séverin Cécile Abega, Claude Abé, 2006. « Approches anthropologiques de la sorcellerie », in É. de Rosny (dir.), *Justice et sorcellerie*, actes du Colloque international (Yaoundé, 17-19 mars 2005), Paris, Karthala ; Yaoundé, Presses de l'UCAC, 2006, p. 33-47

2. Afrobaromètre ; https://www.afrobarometer.org/wpcontent/uploads/2022/02/ab_r7_dispatchno339_pap12_religion_en_afrique.pdf

que soit la religion, sont très conservatrices. Les passages des Écritures qui jettent l'anathème sur les homosexuels sont le plus souvent pris au pied de la lettre, sans effort d'interprétation, sans contextualisation ni travail d'historicisation. Dans les mosquées, les églises, les temples, les prêches s'en prennent régulièrement aux LGBT+ et perpétuent l'enseignement du mépris. Les tentatives d'ouverture du Vatican ne rencontrent guère d'écho dans les conférences épiscopales nationales. Les appels du pape François à dépénaliser l'homosexualité sont restés presque partout lettre morte. Sa décision, en décembre 2023, de permettre la bénédiction des couples de même sexe, a provoqué un tollé[1]. Les évêques africains ont répliqué qu'ils n'appliqueront pas ces nouvelles orientations, obligeant le Saint-Siège à reculer.

Surtout, nombreux sont les leaders religieux à mettre publiquement de l'huile sur le feu, comme l'imam Kanté au Sénégal qui tient les mouvements LGBT+ comme l'une des « plus grandes menaces de notre époque », une menace qui préparerait la venue de « l'Antéchrist ». Ou l'évêque anglican Stephen Kaziimba qui, en 2003, fait l'éloge de la loi anti-LGBT+ proposée par le parlement ougandais. Pour cette haute autorité, l'homosexualité est une pratique « imposée par des acteurs extérieurs et étrangers, contre notre volonté, contre notre culture et contre nos croyances religieuses ».

1. Il s'agit de la déclaration « *fiducia supplicans* » du *Dicastère pour la doctrine de la foi*.

Les islamistes et les évangélistes, qui connaissent un essor fulgurant sur le continent, sont bien sûr les acteurs religieux les plus prompts à faire de la surenchère sur les questions LGBT+. Dans chacun de ces univers, on s'inspire les uns des autres à travers les frontières, qu'il s'agisse du discours à tenir ou des positions politiques à défendre. Les divers courants évangélistes africains sont ainsi très réceptifs aux influences des évangélistes américains, avec lesquels ils échangent dans des conférences internationales, des missions conjointes ou des plateformes numériques. Ils portent souvent les mêmes thèmes, comme la protection de l'enfance ou les lois de type « Don't Say Gay », qui d'un pays à l'autre se répandent comme une traînée de poudre dans les megachurchs des capitales ou les temples de brousse.

Mais il existe une autre Afrique. Une Afrique qui connaît une trajectoire inverse. Une Afrique dans laquelle la dynamique des droits LGBT+ est positive. En Afrique australe, au Rwanda, dans certaines îles comme le Cap-Vert, les Seychelles ou l'île Maurice, la situation s'est améliorée au cours des dernières années.

L'Afrique du Sud, pays pionnier des droits LGBT+, reste à la pointe avancée du progrès. Elle doit sa dynamique au mouvement anti-apartheid, qui a déclaré la guerre à toutes les discriminations, pas seulement aux discriminations raciales. Dans les années 1990, quand ce mouvement arrive au pouvoir, l'Afrique du Sud ne se contente pas de dépénaliser l'homosexualité. Le pays inscrit aussi dans sa constitution l'interdiction de discriminer les personnes sur la base de leur orientation sexuelle. Seuls une dizaine d'États dans le monde ont ainsi donné une protection constitutionnelle aux personnes LGBT+.

Au cours de la décennie suivante, en 2003, l'Afrique du Sud autorise le changement de genre à l'état civil et, en 2006, adopte le mariage pour tous. C'est sept ans avant la France. Le pays abrite de nombreuses associations pro-LGBT+ et les Marches des Fiertés se déroulent en général sans difficulté. Chacun peut vivre ouvertement son identité à l'abri des garanties constitutionnelles, même s'il reste difficile d'être gay dans certains endroits et si la violence homophobe demeure un fléau. Steve Letsike, que je rencontre au Cap à l'occasion du sommet d'ILGA en novembre 2024, est un symbole de cette modernité. Figure de la nouvelle génération de l'ANC, il est le vice-ministre en charge des questions de diversité sexuelle et de genre. La présence d'une personne trans dans un gouvernement est assez rare à l'échelle de la planète. L'Afrique du Sud figure parmi les quelques pays où ce progrès est possible.

Malgré les turbulences sur tous les continents et quelques dérapages internes sous Jacob Zuma, la nation arc-en-ciel a gardé le cap et son exemple infuse dans toute l'Afrique australe. Autour d'elle, les droits avancent, comme si son exemple était contagieux. En Angola, la réforme du code pénal achevée en 2021 a permis de mettre fin à la criminalisation de l'homosexualité. Elle a aussi introduit l'interdiction de la discrimination sur la base de l'orientation sexuelle. Des associations ont été autorisées à se constituer et sont rapidement devenues les interlocutrices de notre diplomatie. À Luanda, la capitale, nous avons vu apparaître une scène artistique LGBT+. Sa figure la plus populaire est la chanteuse transgenre Titica, icône du style musical kuduro, dont la renommée dépasse les frontières du pays. Afin que plus personne n'ait à souffrir des violences et humiliations qu'elle a elle-même endurées, elle n'hésite pas à mettre sa voix au service de la cause LGBT+. Elle a d'ailleurs été nommée ambassadrice de bonne volonté d'ONU-SIDA. La communauté LGBT+ angolaise reste toutefois discrète et peu visible, histoire de ne pas heurter une société qui reste majoritairement conservatrice, surtout dans les zones rurales.

Au Mozambique, la dépénalisation remonte à 2015. Les personnes LGBT+ y sont également protégées contre les discriminations, mais uniquement dans le monde du travail. Dans ce grand pays, on entend rarement des discours de haine. En Namibie, la décriminalisation est plus récente. C'est en 2024 que la Haute Cour du pays a jugé inconstitutionnelle la loi criminalisant les relations sexuelles entre hommes. L'année précédente, la Cour suprême avait statué que les mariages de personnes de même sexe contractés à l'étranger devaient être reconnus dans le pays. Pour empêcher l'application de cette décision, des parlementaires ont réussi à faire voter une loi définissant le mariage comme l'union d'une femme et d'un homme. Mais la loi a été bloquée par le chef de l'État qui refuse toujours de la promulguer. La réalité est que les personnes LGBT+, en Namibie, vivent au grand jour sans être inquiétées, en tout cas dans la capitale. La ministre de la Justice, Yvonne Dausab, vit ainsi en couple avec une autre femme. Si elle a essuyé quelques attaques verbales et reste plutôt prudente sur les sujets LGBT+ afin de ne pas trop s'exposer, cette femme politique ne cache pas son orientation. Quant aux ONG pro-LGBT+, elles ont pignon sur rue. Elles dialoguent avec les autorités et nouent des coopérations avec les diplomaties étrangères. Le Botswana, lui aussi, est résolument engagé dans la voie du progrès[1]. Le Lesotho, enclavé au milieu du territoire sud-africain, s'inscrit dans la même logique.

Un peu plus au nord, dans la région des grands lacs, le Rwanda est une exception dans son environnement régional. Il n'a jamais pénalisé et depuis dix ans connaît une prudente évolution positive. En 2009, des parlementaires avaient certes essayé de pousser un projet de loi de criminalisation. Mais la société civile s'était mobilisée et avait obtenu le retrait du texte. Le président Kagame, sans lequel rien ne se décide au Rwanda, y était sans doute pour quelque chose. D'ailleurs, en 2016, il livrait le fond de sa pensée à un journaliste américain : « L'homosexualité n'a jamais été un problème pour nous et nous n'avons pas l'intention d'en faire un problème. » Au Rwanda, on connaît trop bien le risque de diaboliser une composante de la population. Depuis 2021, Kigali accueille des événements dans le cadre de la Marche des Fiertés et les ONG se sont multipliées. On en recenserait aujourd'hui une quarantaine,

1. Voir le chapitre « La question LGBT+, baromètre de la démocratie ».

engagées sur les questions LGBT+. Les discriminations n'ont pas disparu, deux tiers des LGBT+ rwandais disent en avoir été victimes, et il reste difficile de faire son *coming out.* Celui-ci est même impossible dans les campagnes. Les nombreuses associations n'agissent souvent que sous le couvert d'un mandat plus consensuel, la lutte contre le sida ou la défense des droits des femmes. Mais le pays a réellement évolué. La moitié de la population affirme désormais ne pas avoir une opinion négative des personnes LGBT+.

Les trois îles du Cap-Vert, des Seychelles et de Maurice, ainsi que Sao Tomé-et-Principe complètent la liste des pays africains orientés positivement sur les questions de diversité sexuelle. Le Cap-Vert n'a jamais pénalisé et les autorités n'hésitent pas à afficher un soutien public aux droits des LGBT+. Les autres pays ont dépénalisé durant les quinze dernières années et ont parfois, comme les Seychelles ou l'île Maurice, des lois contre les discriminations.

L'Afrique présente donc des visages très différents. Des raisons de s'indigner comme des motifs d'espérance. Les défenseurs des droits devraient pouvoir compter sur la Commission africaine des droits de l'homme (« CADH »). Cette quasi-juridiction, qui interprète la Charte africaine des droits de l'homme et des peuples, a reconnu en 2014 le droit des personnes à être protégées contre les discriminations fondées sur l'orientation sexuelle et l'identité de genre[1]. Mais les avis de la Cour

1. L'existence d'une protection de l'orientation sexuelle avait déjà été suggérée de façon incidente par la Commission dans une

africaine ne sont pas contraignants. Surtout, l'institution semble avoir fait marche arrière sur le sujet. Elle refuse désormais d'accorder à des ONG pro-LGBT+ le statut d'observateur. Pour se justifier, elle invoque l'article 29 de la Charte africaine des droits de l'homme, selon lequel les individus ont également le devoir de protéger « les valeurs africaines positives ». Cela n'annule pas le jugement de 2014, mais cela laisse entendre que la protection des droits des personnes LGBT+ pourrait être incompatible avec les valeurs africaines. La Cour reste donc au milieu du gué. Un pas en avant, un pas en arrière.

Cette Afrique où se mêlent des amis des LGBT+ à certains de leurs plus grands ennemis montre que le « Sud global » n'existe pas. Nul besoin de sortir du continent africain pour comprendre combien cet ensemble géopolitique est hétéroclite et artificiel. Les pays qui sont supposés en faire partie avancent en ordre dispersé. S'ils n'ont pas le même niveau de développement ni les mêmes intérêts, ils n'ont pas non plus les mêmes modèles politiques et ne pensent pas la même chose sur la plupart des questions essentielles, en particulier sur les libertés à accorder aux individus.

Le sommet mondial d'ILGA au Cap s'est terminé le 14 novembre. À sa façon, il a illustré les limites du « Sud global ». Cette grand-messe LGBT+ se déroulait en Afrique, mais seule l'Afrique du Sud et quelques-uns

---

décision rendue dans la communication n° 245/2002 de 2002, *Zimbabwe Human Rights NGO Forum v. Zimbabwe*.

de ses voisins y avaient des délégués officiels[1]. Tous les autres pays du continent étaient « représentés » par des responsables d'associations, souvent contestés par leurs gouvernements. Au moins la conférence a-t-elle permis de souligner l'engagement de la nation arc-en-ciel et de mettre en valeur de grandes voix comme celle de Mpho Tutuvan Furth. La fille de l'ancien archevêque Desmond Tutu est elle-même pasteure de l'Église anglicane. Double défi aux conventions, elle est lesbienne et mariée à une femme blanche, une pédiatre néerlandaise. Son discours est l'un des plus applaudis du sommet. Pourquoi, demande-t-elle, la spiritualité devrait-elle être nécessairement dans le camp du conservatisme ? N'y a-t-il pas une façon de vivre sa religion, et même de la prêcher, qui s'accorde à l'idée du progrès ? Cela s'appelle « toucher au point sensible ». Son père, monument de l'histoire africaine et mondiale, proclamait qu'être neutre dans les situations d'injustice revenait à soutenir l'oppresseur. Quelques années avant de mourir, l'homme d'Église avait eu ce mot, que sa fille aime à citer : « Je refuserais d'aller dans un paradis qui serait homophobe. Si tel était le cas, je dirais : désolé, je préfère aller ailleurs ! »

1. Hors d'Afrique, les États-Unis, le Royaume-Uni, la France, l'Allemagne, la Suède, l'Union européenne, le Brésil avaient aussi des représentants officiels à la 31e conférence internationale d'Ilga, en novembre 2024.

Ce Sud, tout sauf « global » (suite)
Progressiste Amérique latine

São Paulo, Brésil. C'est encore le Sud. Mais un Sud très différent de celui de l'Afrique, en tout cas sur les questions LGBT+. On dirait que l'on a changé de planète. En ce mois de janvier 2024, c'est l'été. Je rencontre les organisateurs de la Marche des Fiertés de São Paulo, la plus grande au monde. Elle rassemble chaque année jusqu'à 3 millions de personnes. Un chiffre à la mesure de cette métropole, parmi les plus peuplées de l'humanité. Je visite le musée de la Diversité Sexuelle avec Emilia Paiva, sa directrice exécutive. Seules quelques villes dans le monde disposent d'une telle vitrine arc-en-ciel, parmi lesquelles San Francisco, Londres, Varsovie, et bientôt Paris. Après une visite de la Casa Florescer, un refuge pour les personnes trans, je me rends au siège du grand syndicat CUT, le Centre unique des travailleurs, où Lula a commencé sa carrière. Pendant un après-midi, je dialogue avec les principales ONG pro-LGBT+ du pays. Nous partageons nos expériences. Mes interlocuteurs m'expliquent l'approche très libérale de la transidentité qui prévaut au Brésil et les efforts faits par le pays pour lutter contre les discriminations. Leur principal défi, me disent-ils, est de venir à bout de la violence contre les personnes trans, qui a pris des proportions insupportables. Je les renseigne sur nos efforts pour lutter contre les discours de haine sur les plateformes, interdire les thérapies de conversion ou mesurer grâce aux statistiques policières le niveau de LGBTphobie.

Lors d'un entretien non prévu par l'ambassade de France, mais dans mon programme, je rencontre le père Júlio Lancellotti. Il est connu de tous les Brésiliens pour son engagement en faveur des pauvres, mais aussi des personnes trans, si nombreuses à se retrouver à la rue. Il les accueille dans son église et n'hésite pas à se faire photographier avec elles, pour changer le regard de la société. Les bolsonaristes détestent ce provocateur et ont essayé en vain de monter des affaires contre lui. Le slogan du père Lancellotti : « *Acolher sempre, discriminar nunca.* » « Accueillir toujours, discriminer jamais. » Ce prêtre iconoclaste est dans la ligne du pape François dont il a reçu des signes de soutien. Je l'interroge sur la doctrine de l'Église, pour laquelle je constate finalement qu'il a un intérêt assez limité. L'esprit l'intéresse plus que la lettre. Et l'esprit, me dit-il, souffle parmi les exclus et les sans-pouvoirs. C'est dans les épreuves que se révèle la vérité, non dans le confort d'une vie bien rangée. Le Christ, s'il revenait aujourd'hui, me dit-il, serait suivi par des pauvres, des handicapés, des prostituées, mais aussi par ces nouveaux damnés que sont les personnes trans. C'est à travers eux que se fait la rencontre avec le Christ.

Le lendemain, à Brasilia, je suis reçu à l'improviste au palais du Planalto par le ministre et secrétaire général de la présidence, Márcio Macêdo. Son bureau est voisin de celui du président, dont il est l'un des plus proches compagnons de route. De sa fenêtre, il me montre la place des Trois-Pouvoirs d'où, un an plus tôt, les bolsonaristes avaient lancé leur assaut contre le nouveau gouvernement, triste répétition des émeutes du Capitole à Washington. Il m'explique que le Brésil, après la parenthèse Bolsonaro, doit reconstruire son État de droit et sa démocratie. Les droits LGBT+ en font partie. La relation avec la France, elle aussi, avait été détruite, y compris par des attaques ignobles contre Brigitte Macron. Il nous faut maintenant la rebâtir, et le faire sur notre socle commun de valeurs.

À Brasilia, je rencontre aussi les hauts fonctionnaires de l'Itamaraty, le ministère des Affaires étrangères, pour sceller notre alliance en faveur de la dépénalisation universelle de l'homosexualité. Cette alliance sera confirmée quelques semaines plus tard lors du voyage du président de la République. Je m'entretiens avec Symmy Larrat, secrétaire nationale pour les droits des populations LGBTQIA+, première personne trans à occuper de si hautes responsabilités au Brésil. Cette ancienne journaliste de Belém est un symbole de la lutte pour la visibilité trans, un espoir pour des milliers de jeunes queer brésiliens. Je la retrouverai dans des différents forums internationaux au cours des mois suivants. J'échange également avec le ministère de l'Égalité raciale, le Défenseur public de l'Union, des parlementaires, des juges du Tribunal supérieur de justice.

Je termine ma mission à Rio de Janeiro par une conférence publique, ainsi que des entretiens à l'Hôtel de ville et à l'État de Rio. Je découvre que pas moins de 200 personnes travaillent sur les questions LGBT+ dans les services de l'État fédéré et une dizaine à la mairie. Cela donne une idée de la priorité accordée à la question. À l'Hôtel de ville, je fais la connaissance de Carlos Tufvesson, célèbre créateur de mode mais aussi activiste historique de la cause LGBT+. Il fut le premier à se marier avec un partenaire de même sexe, alors même que la loi n'avait pas encore été votée.

Je retrouve également une connaissance du père Lancellotti, le théologien queer Luís Corrêa, occasion de prolonger la discussion sur ce que peut l'Église catholique pour faire avancer l'acceptation de la diversité sexuelle et de genre. Cette fois, nous entrons dans l'herméneutique et les questions doctrinales. Nous passons en revue tous les épisodes bibliques qui semblent porter condamnation de l'homosexualité. Ils peuvent être sujets, m'explique Luís Corrêa, à diverses interprétations. « Ne nous laissons pas enfermer dans la compréhension que les sociétés anciennes et patriarcales en ont donné », « Relisons-les à la lueur de notre histoire et de notre temps ». La démonstration me paraît convaincante : la mobilisation pour les droits des personnes LGBT+ peut aussi venir des institutions traditionnelles.

Enfin, dans le quartier de Flamengo, je me rends à la Casa Nem qui, depuis 2016, accueille des trans et des travestis en situation de vulnérabilité sociale. Sa fondatrice, Indianara Siqueira, a fait sa transition il y a longtemps. Cette descendante d'Indiens a connu la prostitution de rue.

Elle s'est battue contre les réseaux de proxénètes et a perdu beaucoup d'amis emportés par le sida. Elle a été élue à deux reprises conseillère municipale de Rio. Elle parle un bon français. Et pour cause, elle a vécu dans notre pays. Elle y a pas mal arpenté les allées du bois de Boulogne, dont elle dit avoir importé au Brésil les pratiques. Le modèle français, me dit-elle ! En France, elle a aussi connu la prison. Les meilleures années de sa vie, me confesse-t-elle. Au moins, elle était à l'abri des violences. Surtout, du fond de sa cellule de Fleury-Mérogis, elle s'est battue pour faire reconnaître le droit des détenus trans de s'habiller comme ils le souhaitent, en femmes s'ils le veulent. Ce combat symbolique dans le pays de Voltaire, elle l'a gagné, et c'est sa plus grande fierté. Voilà un hommage à mon pays plutôt inattendu !

L'image que ces rencontres dessinent du Brésil est paradoxale. Le pays semble détenir un double record. Ses lois sont parmi les plus disruptives du monde, comme celle qui permet de changer de genre sur simple déclaration administrative. Ses politiques publiques ne sont pas moins progressistes avec son secrétariat général[1] chargé des populations LGBTQI+ et ses centaines d'agents publics occupés à traquer les discriminations aux divers étages de l'État fédéral. En même temps, le Brésil est confronté à un niveau de violence LGBTphobe incroyablement élevé. Il est même le pays qui enregistre le plus grand nombre de meurtres de personnes LGBT+. Ses autorités font état d'un assassinat toutes

1. Un secrétariat général est l'équivalent d'une direction générale dans le système administratif français.

les 34 heures. Les personnes trans sont de loin les premières victimes de ce fléau. Même au sein de la communauté LGBT+, elles ne seraient pas à l'abri des exactions. Les deux aspects sont liés. Si tant de monde dans les administrations travaille à des solutions contre les violences et les discriminations, ce n'est pas seulement parce que les autorités seraient pro-LGBT+. C'est aussi et surtout parce que les problèmes sont gigantesques et qu'il faut mettre les moyens pour les résoudre. Le Brésil présente un autre paradoxe. Les avancées juridiques pour les personnes LGBT+ sont importantes, mais fragiles. Elles ont été obtenues par la voie judiciaire, grâce à la jurisprudence du Tribunal suprême fédéral. Aussi étonnant que cela puisse paraître, aucune loi n'est venue conforter le mariage pour tous ou le principe d'auto-identification des personnes trans. Un revirement de la Cour suprême, parce que sa composition aurait été modifiée, pourrait donc tout remettre en cause. C'est pour se mettre à l'abri d'un tel renversement de jurisprudence que les États-Unis de Joe Biden ont adopté une loi fédérale sur le mariage.

C'est le troisième paradoxe : si le Brésil abrite des forces politiques éminemment progressistes, il est traversé aussi par un puissant mouvement conservateur. Serais-je venu dans ce pays deux ans plus tôt, j'aurais découvert un tout autre paysage. Jair Bolsonaro y était au pouvoir et tenait un discours hostile aux LGBT+. Il s'employait à détruire, en tout cas au niveau fédéral, les politiques de diversité et d'inclusion. Si ses partisans devaient revenir aux affaires, nul doute qu'ils reprendraient le travail là où il a été arrêté. À coup sûr de façon plus méthodique et organisée. Car désormais, ils connaissent la maison. Le Brésil est comme les États-Unis un pays très polarisé sur les questions d'orientation sexuelle et d'identité de genre. La gauche comme la droite y sont radicales sur les sujets de société. Si elles se divisent de moins en moins sur l'homosexualité, désormais mieux acceptée, elles croisent le fer sur la question trans. Le pays semble condamné à osciller entre d'audacieux bonds en avant et de brutaux retours de manivelle. Est-ce si surprenant quand on pense aux similitudes entre le Brésil et les États-Unis ? Même étendue continentale. Même structure fédérale. Même démographie multiethnique. Même fossé immense entre les riches et les pauvres. Même présence grandissante des évangélistes. Même puissance de la Cour suprême. Malgré tout, le Brésil a franchi un seuil en deçà duquel on l'imagine mal reculer. On le voit difficilement revenir sur le mariage pour tous et le droit à la transition de genre pour les personnes majeures. Au regard de la situation générale dans le monde, il reste un paradis pour les homosexuels et une terre d'espoir pour les personnes trans.

L'Amérique latine est à son image. Dans la plupart des grands États de cette région, l'attitude des populations est décomplexée et le cadre légal très libéral. L'Amérique latine est avec l'Europe le plus grand espace protecteur au monde pour les personnes LGBT+. Dans une dizaine d'États rassemblant plus de 500 millions de personnes, les individus de même sexe peuvent se marier et l'état civil permet aux adultes qui en auraient le projet de changer de genre, comme c'est le cas au Brésil. Difficile d'imaginer plus fort contraste avec les autres régions du Sud dit « global », en particulier l'Afrique et le Moyen-Orient.

Cet ensemble d'États très progressistes est composé, outre le Brésil, du Mexique, de l'Argentine, du Chili, de l'Uruguay, de la Colombie, du Costa Rica, de l'Équateur, de la Bolivie et de Cuba. Ces 10 pays représentent moins d'un tiers des États de la région, mais 502 des 606 millions de Latino-Américains. Ils se sont donc dotés du mariage pour tous, du « mariage égalitaire » ou « homo-affectif », comme on préfère dire dans cette région du monde[1]. Ils ont, pour la plupart, interdit les thérapies de conversion[2]. Ils disposent d'une législation contre les discriminations[3]. Reconnaissent légalement les transitions de genre[4]. Ces évolutions sont rendues possibles par un profond changement de perception des homosexuels et des personnes trans. Les populations de ces pays latino-américains sont accueillantes pour les personnes LGBT+. Les opinions favorables à leur endroit peuvent atteindre plus de 70 % dans des pays comme l'Argentine ou l'Uruguay[5]. Mieux, les nouvelles générations sont plus ouvertes que les précédentes. Au Mexique, 77 % des jeunes de 18 à 29 ans acceptent tout

---

1. La Bolivie à ce stade ne reconnaît que l'union civile.
2. À l'exception, pour l'instant, de la Colombie.
3. Tous ont une législation complète contre les discriminations, sauf le Costa Rica et l'Argentine.
4. À ces pays accordant une reconnaissance légale de la transition de genre, il faut ajouter le Pérou.
5. Cf les enquêtes du Pew Research Center : www.pewresearch.org.

à fait l'homosexualité, contre 53 % des plus de 50 ans. Au Brésil, l'écart intergénérationnel est entre 82 % et 59 %, en Argentine entre 85 % et 70 %. Il y a bien sûr des hauts et des bas, en fonction des alternances politiques. Mais les mentalités ont connu une transformation profonde et un cadre juridique protecteur s'est installé qui, bon an mal an, semble résister aux turbulences.

C'est au sein de ce bloc progressiste que l'on rencontre les mesures les plus innovantes dans le monde au bénéfice des personnes LGBT+. L'Argentine, jusqu'à l'élection de Javier Milei, faisait figure de pionnier, de laboratoire. C'est la raison pour laquelle, début 2023, j'y ai fait symboliquement mon premier déplacement international. L'Argentine a été le premier pays, en 2012, à permettre le changement de genre à l'état civil sur simple déclaration administrative. Près de 13 000 personnes en ont bénéficié au cours des 10 premières années. Cette possibilité de s'auto-identifier, sans se soumettre à des conditions médicales ou passer devant un tribunal, existe dans d'autres pays d'Amérique latine, comme le Brésil, l'Uruguay, la Colombie, le Chili, le Costa Rica et certains États du Mexique.

2012, c'est aussi l'année où l'Argentine a modifié son code pénal afin d'y instaurer une peine de prison à vie pour les crimes motivés par « l'orientation sexuelle et l'identité de genre ». Depuis 2021, le pays reconnaît aussi le concept de « travesticide », en référence aux crimes commis contre les travestis et les trans en raison de leur identité de genre. Deux États du Mexique s'en sont inspirés en 2024 pour créer le crime de « transféminicide ».

Toujours en 2021, l'Argentine a été le premier grand pays à instaurer un quota d'emplois publics pour les personnes trans[1]. Le quota a été fixé à 1 %. Il a permis à de nombreuses personnes ayant des difficultés d'intégration de trouver un travail dans l'administration. À Paris, l'ambassadeur argentin a ainsi offert un emploi dans la section consulaire à une personne trans de son pays qui vivait en France. Cette même année 2021, l'Argentine a permis aux personnes non binaires de déclarer un genre non déterminé sur leurs documents d'état civil. Le Mexique, le Costa Rica, le Chili, la Colombie offrent cette même possibilité. Le Brésil aussi, mais uniquement pour les personnes intersexes.

Au sein de ce bloc progressiste, les figures LGBT+ sont assez visibles dans la culture populaire, preuve de l'acceptation grandissante des identités queer. Ainsi Florencia de la V, comédienne et figure de la télévision argentine, qui se définit comme travesti. Ou encore le phénomène pop Gloria Groove, chanteuse et drag queen brésilienne, qui s'identifie comme non binaire. Sans parler de l'icône Frida Kahlo, disparue depuis longtemps. La façon dont son génie, sa liberté par rapport aux conventions, mais aussi sa bisexualité exercent une influence permanente sur l'imaginaire mexicain témoignent d'une forme de banalisation de la diversité sexuelle et de genre.

Aussi étonnant que cela puisse paraître, Cuba fait partie des pays les plus LGBT+ friendly d'Amérique latine.

1. L'Uruguay avait précédé l'Argentine et l'avait inspiré.

Cela n'a pas toujours été le cas. Fidel Castro tenait l'homosexualité pour une « décadence bourgeoise » et les gays pour des « agents impérialistes ». De nombreuses purges homophobes ont rythmé de façon macabre ses longues années de pouvoir. Il fut même un temps où les homosexuels étaient envoyés dans des camps de rééducation et soumis au travail forcé. Les années 1980 ont marqué un début d'assouplissement. Depuis, le pays a dépénalisé l'homosexualité, adopté des lois protectrices contre les discriminations et autorisé la transition de genre. Couronnant cette longue phase de libéralisation, il a adopté en 2022 le mariage pour tous. Même si les stéréotypes homophobes ont la peau dure dans la société cubaine, et s'il ne peut pas exister sur l'île d'associations de défense des droits, la situation des LGBT+ s'est grandement améliorée grâce à ces avancées légales.

D'autres parties de l'Amérique latine sont bien sûr plus conservatrices, mais leur poids démographique est sans comparaison avec cet ensemble d'États libéraux. À l'extrémité : les pays qui n'ont toujours pas dépénalisé l'homosexualité. Ils sont quatre, peu peuplés, tous riverains de la mer des Caraïbes : le Guyana, la Jamaïque, la Grenade, Saint-Vincent-et-Grenadine. Ils représentent 4 millions de personnes sur les 606 millions que compte l'Amérique latine, soit 0,6 %. Fort heureusement, cette région des Caraïbes est, avec l'Afrique australe et le Pacifique, une de celles où il existe une véritable dynamique de dépénalisation. En 2022, ce sont la Barbade,

Saint-Kitts-et-Nevis, Antigua-et-Barbuda qui ont décriminalisé. Plus récemment, en 2024, c'est la Dominique. En 2025, c'est Sainte-Lucie. Il est donc permis d'espérer.

Entre les 10 grands progressistes et le groupe de 5 pénalisateurs se trouvent 17 pays, représentant environ 100 millions de personnes, qui ne criminalisent pas les personnes LGBT+, mais les protègent mal. Parmi eux le Venezuela, le Paraguay et les États d'Amérique centrale, à l'exception du Costa Rica. Sur leur territoire, il existe parfois des lois contre les discriminations, qui peuvent protéger les personnes LGBT+ dans certains aspects de leur vie sociale. Mais les législations comportent beaucoup de lacunes ou ne se rapportent pas explicitement aux personnes LGBT+. Les couples de même sexe n'y ont pas de protection légale, ni mariage, ni union civile. Le plus souvent, il n'y est pas possible de changer son genre à l'état civil. Enfin, la perception des LGBT+ reste majoritairement négative dans la population. Les opinions favorables envers les droits des personnes LGBT+ sont inférieures à 50 % et peuvent parfois atteindre, comme au Honduras, des scores d'à peine 10 %.

Quoi qu'il en soit, mis à part ces pays encore réfractaires, l'Amérique latine est majoritairement libérale sur les questions LGBT+. Comme en Europe et en Amérique du Nord, ce libéralisme moral tient à ces trois grands paramètres que sont le progrès de la démocratie, le développement économique et la sécularisation. Il est également lié à la force des mouvements de gauche sur le continent. De Lula à Cristina Kirchner en passant par Claudia Sheinbaum et Gabriel Boric, la gauche démocratique latino-américaine a mis la question de la lutte contre les discriminations au cœur de sa vision du monde et de son programme politique. La liberté de genre et le mariage homo-affectif font ainsi partie de ses nouveaux marqueurs. Quand elle arrive au pouvoir, cette gauche démocratique s'empresse de faire entrer ces innovations dans la loi. Elle peut d'autant plus facilement dérouler son agenda progressiste que le conservatisme a été profondément discrédité par les dictatures militaires qui ont marqué l'histoire du continent au XXe siècle.

Mon intuition est aussi que cette dynamique d'expansion des droits des personnes LGBT+ n'est pas sans lien avec la question du machisme en Amérique latine. Le virilisme imprègne l'héritage culturel et social de beaucoup de pays américains issus de la colonisation espagnole ou portugaise. Mais il est aujourd'hui, sinon rejeté, du moins questionné par les mouvements sociaux, notamment par les féministes. Il me semble que le mouvement LGBT+ puise une partie de son énergie dans le refus de cette culture de la virilité.

Enfin, on ne saurait négliger l'importance de l'institution judiciaire. Elle joue un rôle crucial dans la consolidation de l'État de droit et de la démocratie en Amérique latine. Dans nombre de pays de la région, la justice est jalouse de son indépendance, conquise après des décennies de lutte contre les pressions et les ingérences politiques. Elle est souvent progressiste et animée d'une culture des droits de l'Homme vigoureuse. Elle contribue, par ses décisions, à moderniser le droit et à reconnaître de nouvelles libertés aux individus. Dans plusieurs pays, les grandes libertés LGBT+ sont ainsi le résultat de jugements rendus par les Cours suprêmes ou les Cours constitutionnelles. C'est le cas du mariage pour tous au Mexique, au Brésil, en Colombie, en Uruguay, en Équateur ou au Costa Rica.

La Cour interaméricaine des droits de l'Homme, équivalent américain de la Cour européenne des droits de l'Homme à Strasbourg pour l'Europe, exerce également une influence décisive sur la dynamique LGBT+. Cette cour basée à San José veille au respect des droits de l'Homme tels qu'établis par les conventions régionales, notamment la Convention interaméricaine des droits de l'Homme de 1978 et la Convention interaméricaine contre toute forme de discrimination et d'intolérance de 2020. Les sages ont examiné de nombreuses plaintes de personnes LGBT+ estimant que leurs droits fondamentaux n'étaient pas respectés dans leur pays. Les décisions de cette juridiction internationale, souvent en faveur des plaignants, ont eu un impact majeur au sein des États membres de l'Organisation des États américains, qui ont été amenés à changer leur législation pour se mettre en conformité avec le système conventionnel régional. C'est sous l'influence des décisions de la Cour que beaucoup de pays ont par exemple adopté des lois antidiscrimination ou ouvert le mariage aux couples de même sexe.

Ces solides acquis des grands pays latino-américains ne sont pourtant pas à l'abri des revirements de situation. Ne sont-ils pas menacés, dans tel ou tel État, par le retour des idées conservatrices, en particulier sous l'influence de l'actuelle administration étatsunienne ? Tandis que j'écris ce livre, les regards sont tournés vers l'Argentine. Si Javier Milei, au cours de sa première année de mandat, était resté concentré sur son agenda économique, le voilà qu'il se lance, début 2025, dans une bataille culturelle. Au forum de Davos, il déclare la guerre à « l'idéologie woke » et semble se ranger, quelques jours après l'investiture de Donald Trump, du côté de l'internationale conservatrice.

Concrètement, il annonce vouloir remettre en cause les quotas pour personnes trans dans les administrations, les cartes d'identité non binaires, l'accès des mineurs aux soins d'affirmation de genre ou encore l'autorisation faite aux personnes trans de partager des espaces de prison avec des femmes. Un programme bien éloigné du libéralisme « chimiquement pur » dont se réclame pourtant le président argentin. La vérité est que le mouvement qui l'a porté au pouvoir est composite. Au libéralisme libertarien, favorable aux libertés sexuelles, il mêle des personnalités et des courants de la vieille droite conservatrice.

Il est également un mouvement anti-élite, anti-establishment, qui a fondé son ascension sur la dénonciation de la gauche péroniste. De la critique de la pensée économique de la « caste au pouvoir » à celle de sa vision des questions de société, il n'y a qu'un pas, qui un jour devait être franchi. Ce qui est reproché aux anciennes élites, c'est d'abord leur étatisme, leur addiction à l'impôt et à la dépense publique. Mais peu à peu la critique glisse sur leur « wokisme », leur volonté supposée d'imposer une « idéologie diversitaire et inclusive ».

Socialisme et wokisme seraient d'ailleurs liés, selon le président argentin. Pourquoi s'emploie-t-on à créer des droits nouveaux à protéger, par exemple pour les LGBT+, sinon pour justifier l'intervention toujours plus abusive de l'État dans la vie des gens et limiter leurs libertés les plus fondamentales, en premier lieu la liberté d'expression[1] ? Le wokisme comme le vieux socialisme seraient des incarnations différentes de la même vision « marxiste » de la société. Pour l'un et l'autre, le fait majeur serait l'existence d'un phénomène d'oppression – économique pour l'un, culturel pour l'autre – et celui-ci justifierait la création d'un État-Léviathan pour en protéger les victimes, et écraser les vraies libertés.

Il est difficile de dire si ce virage moral et idéologique se concrétisera. Seule la restriction de l'accès des mineurs aux soins d'affirmation de genre a pour l'instant été traduite dans la loi. Et elle est contestée devant les tribunaux. Au lendemain du discours de Javier Milei à Davos, des milliers d'Argentins sont sortis dans la rue pour protester. Une manifestation qui avait valeur d'avertissement. Rien n'indique par ailleurs que le président argentin dispose d'une majorité parlementaire pour faire passer l'ensemble de ses nouvelles orientations.

---

1. C'est le raisonnement développé par Javier Milei dans son discours au Forum de Davos le 23 janvier 2025.

Certes, beaucoup d'Argentins voient d'un bon œil la critique de l'idéologie de l'inclusion et de la diversité, qui selon eux était devenue un prêt-à-penser et exerçait un diktat moral sur les esprits. Mais ils ne sont pas disposés à sacrifier les protections qui bénéficient aux personnes les plus vulnérables. Une chose est de rejeter un discours accompagnant la défense des droits LGBT+, une autre est d'accepter que ces droits soient piétinés. Il me semble que les acquis pour les personnes LGBT+ sont trop ancrés dans les mentalités d'un pays comme l'Argentine pour qu'ils soient réellement menacés. Au demeurant, il n'a jamais été question de revenir sur ces grandes conquêtes que sont le mariage entre personnes de même sexe et la faculté pour les adultes de faire une transition. Javier Milei a plusieurs fois répété qu'il était favorable aux libertés sexuelles. « Tu veux coucher avec un puma ? », a-t-il demandé un jour. « Cela ne me pose aucun problème, car cela ne nuit à personne ! » Quant au mariage homosexuel, il ne contrevient selon lui ni au principe de liberté, ni au principe de respect de la vie, ni au principe de propriété, les trois valeurs qui, pour ce disciple de John Locke, doivent guider la conduite humaine.

Le Brésil où je me suis rendu début 2024 est aussi passé par ce moment conservateur. À un moment ou à un autre, il y sera peut-être à nouveau confronté. D'autant qu'avec les États-Unis, encore une fois, il est l'un des pays les plus polarisés du monde développé, un de ceux où le mouvement de balancier entre progressistes et conservateurs est le plus fort. Mais le Brésil a surmonté l'épreuve de 2019-2022. Il surmontera aussi les périls qui pourraient survenir dans le futur. Ma conviction est que le mouvement de retour en arrière, dans les pays où la liberté a pris racine, ne parvient jamais à annihiler toutes les avancées. Il ne rogne que les plus récentes, les moins bien ancrées dans l'opinion. Je suis convaincu qu'à chaque oscillation du balancier, le point de gravité se déplace, imperceptiblement. Ce progrès discontinu n'est pas très confortable, surtout pour ceux qu'il bouscule. Ce n'est pas une raison de baisser les bras ni de désespérer de l'avenir.

Ce Sud tout sauf « global » (suite)
L'Asie, nouvelle frontière

J'arrive à Hong-Kong en mars 2024, deux jours après l'imposition d'une nouvelle loi de sécurité nationale. Ce nouveau tour de vis imposé par Pékin vise à faire taire ceux qui manifestent une voix dissidente et réclament la démocratie. La loi crée de nouvelles infractions – trahison, sédition, espionnage, sabotage, ingérence étrangère – dont la définition est si vague, dénonce l'Onu, qu'elle permettra de faire passer pour un crime ce que le droit international tient pour une liberté : s'exprimer et se réunir pacifiquement. Les peines sont lourdes, jusqu'à la réclusion à perpétuité, et la garde à vue sans avocat est allongée à 16 jours. Exprimer une simple « défiance » vis-à-vis des autorités peut coûter sept ans de prison, dix ans si elle est commise « en collusion avec une force extérieure ». Un pas de plus dans le démantèlement du système juridique libéral de Hong-Kong et son intégration dans l'ordre chinois continental.

Mon arrivée dans ce contexte réjouit les activistes pro-LGBT+. Ils ne sont pas seuls. Ils peuvent compter sur le soutien politique de la France. Ils m'ont donné rendez-vous à l'hôtel Eaton dans le quartier de Kowloon. C'est un lieu à part. Beaucoup d'associations LGBT+ y ont leur siège. L'hôtel, à l'esthétique inspirée des films de Wong Kar-wai des années 1990, offre à la communauté queer hongkongaise une multiplicité de services : station de radio, galerie d'art, studio d'enregistrement, salles de concerts, de théâtre et de cinéma, bar, restaurant, espace de coworking, magasins. Et même des espaces permettant d'organiser des événements comme… les mariages.

Mes interlocuteurs m'expliquent que la situation des personnes LGBT+ à Hong-Kong est plus enviable que dans le reste de la Chine. Mais pour combien de temps ? Les populations de l'ancienne concession britannique sont relativement tolérantes. À plus de 60 %, elles ont une opinion positive des LGBT+, contre 20 à 30 % dans les autres territoires de Chine[1]. Elles sont aussi majoritairement en soutien du mariage pour tous. 80 % des jeunes y seraient même favorables. Les personnes queer, soulignent mes interlocuteurs, sont présentes dans la culture et l'audiovisuel. Il n'est pas rare, à Hong-Kong, de voir des films sur le thème de l'amour lesbien ou des shows télévisés mettant en scène des personnes de même sexe à la recherche de leur moitié. En 2023, la ville a même accueilli les Gay Games. Quant aux associations pro-LGBT+, elles sont pour l'instant assez nombreuses, pour certaines subventionnées par les

1. Source : Equaldex, https://www.equaldex.com/region/hong-kong

autorités. Preuve de la maturité de la société hongkongaise, elles portent des problématiques émergentes comme la prise en charge des personnes âgées LGBT+ ou la protection des travailleurs du sexe.

Surtout, Hong-Kong continue, en application du principe « Un pays, deux systèmes », d'avoir son propre ordre juridique. Si son indépendance est mise à rude épreuve, il reste bien plus protecteur que celui de la Chine continentale. Les cours de justice de Hong-Kong peuvent se référer aux jugements des autres tribunaux de *common law* et la Cour d'appel finale compte parmi ses membres un juge issu d'une haute juridiction d'un autre pays du Commonwealth, souvent britannique ou australienne. Cette institution judiciaire, se fondant sur la jurisprudence de la Cour européenne des droits de l'Homme, a rendu un jugement favorable à l'union de personnes de même sexe et enjoint le gouvernement de Hong-Kong à mettre en place un cadre légal pour sa reconnaissance avant octobre 2025. Il est peu probable que ce calendrier, qui percute celui des élections législatives, soit respecté. Mais il indique une direction.

La Haute Cour a également reconnu à plusieurs individus un certain nombre de nouveaux droits, contre l'avis du gouvernement, tels que l'accès à l'héritage d'un partenaire de même sexe défunt, l'accès égalitaire au logement social ou la possibilité, pour les personnes trans, de modifier le genre apparaissant sur les documents d'identité sans avoir besoin de recourir à une opération chirurgicale de réassignation.

Mais, depuis 2020, m'expliquent les militants LGBT+ de Hong-Kong, la situation se dégrade. Plusieurs leaders de la communauté, qui étaient aussi des activistes pro-démocratie de premier plan, ont été arrêtés et emprisonnés. C'est le cas de Jimmy Sham, qui purge une peine de quatre ans de prison pour avoir organisé une primaire avant les élections législatives de 2020. Un acte impardonnable à Hong-Kong où seuls les « patriotes » pro-Pékin ont le droit d'être candidats. Le leader du *Front des droits humains (CHRF)* est aussi l'un des principaux artisans des manifestations de 2019, qui ont rassemblé plus d'un million de personnes. Dans ce contexte, les associations LGBT+ s'efforcent de se distinguer du mouvement pro-démocratie. Elles ont fait évoluer leurs arguments. Elles ont cessé de plaider pour les personnes LGBT+ au nom des droits de l'Homme. Elles préfèrent mettre en avant le respect de la diversité et de l'inclusion, ou l'attractivité de Hong-Kong pour les acteurs économiques.

La reprise en main du Conseil législatif, qui n'est plus composé que de personnalités pro-Pékin, a également affaibli le mouvement LGBT+. Ce dernier ne dispose plus d'aucun relais parmi les législateurs. Depuis la loi de sécurité nationale de 2020, renforcée par celle de 2024, les marges de manœuvre pour manifester ou s'exprimer publiquement se sont aussi réduites de façon drastique. Une Pride a encore été organisée en 2022, mais plus rien depuis. Il est par ailleurs devenu dangereux de recevoir des soutiens financiers de l'étranger. Enfin, les pressions politiques sur l'institution judiciaire se sont faites plus insistantes. Dans toutes les affaires touchant aux droits

LGBT+, le gouvernement cherche systématiquement à se pourvoir en appel et tarde à mettre en œuvre les décisions de justice, alléguant la complexité qu'entraînerait leur application ou le manque de consensus dans la population.

Un autre élément, me disent mes interlocuteurs hongkongais, contribue à la détérioration de la situation. Les citoyens les plus critiques du pouvoir, les plus favorables aux droits LGBT+, ont tendance à quitter l'île. Ils sont remplacés par des Chinois du continent qui sont beaucoup plus dociles, beaucoup plus obéissants. Le risque, si ces nouveaux arrivants ne s'approprient pas la culture libérale de Hong-Kong, est que celle-ci connaisse une lente érosion et que la majorité d'opinion favorable aux LGBT+ s'amenuise imperceptiblement.

Un facteur, plus inattendu, pourrait contribuer à dégrader la perception des homosexuels et des personnes trans. Régina Ip, membre éminente du gouvernement hongkongais avec laquelle je m'entretiens au consulat de France, se fait un malin plaisir de l'évoquer. C'est la progression du christianisme, en particulier des églises évangéliques. « Nos religions orientales, m'explique cette femme de pouvoir habituée à parler aux étrangers, n'ont rien contre la diversité sexuelle et de genre. Ce n'est pas le cas de votre religion, le christianisme, me dit-elle. C'est dans les églises chrétiennes, en tout cas certaines d'entre elles, qu'on entend le plus de discours anti-LGBT+. À mesure que le christianisme se diffuse chez nous, en particulier dans sa version radicale, nous entendons monter le discours selon lequel l'homosexualité serait un péché. »

La situation de Hong-Kong est unique. Elle porte l'empreinte de l'histoire singulière de ce territoire. Pourtant, je la crois emblématique de l'Asie. Elle en condense beaucoup de traits. Sur l'immense continent asiatique, de Beyrouth à Pékin, en passant par Téhéran et Delhi, le paysage des droits LGBT+ est très contrasté. Mais, comme à Hong-Kong, l'attitude des populations et des autorités dépend essentiellement de deux paramètres : y jouit-on des libertés démocratiques ? La religion dominante se mêle-t-elle ou non des questions d'orientation sexuelle et d'identité de genre ?

Au moment de parler de l'Asie en termes généraux, on est souvent pris de vertige. C'est d'abord l'extraordinaire diversité de ce continent qui frappe l'observateur. Entre la rive est de la Méditerranée et le Pacifique, c'est une mosaïque de peuples, de religions, de langues et de cultures différentes. Quoi de commun entre les terres d'islam, en elles-mêmes si plurielles, et les mondes chinois et japonais ? Sans parler du sous-continent indien ou des restes de l'Empire soviétique. On peut douter de la pertinence du concept d'Asie, y compris pour la géographie physique, tant est floue sa frontière supposée avec l'Europe, voire avec l'Afrique. Mais c'est au fond le continent axial. À ses deux bouts, en Mésopotamie et en Chine, l'Histoire s'est mise en marche, avec l'invention de l'agriculture, des villes, de l'État, de l'écriture. C'est sur ce gigantesque espace que sont nées les grandes religions – abrahamiques, hindouistes et bouddhistes – qui dans le monde entier répondent aujourd'hui encore au besoin de croire. Surtout, c'est de lui que semble dépendre, en grande partie, le futur de l'humanité. Car c'est bien l'Asie qui abrite les plus grandes économies émergentes et les plus vastes foyers de populations de la planète. C'est l'évolution de ce continent qui déterminera l'image générale de la condition LGBT+ au xxe siècle.

En Asie-Pacifique, les droits des personnes queer sont moins avancés qu'en Europe et dans les Amériques, où la modernisation démocratique est plus profondément ancrée. On y rencontre, miroir de la planète, les situations les plus atroces, mais aussi les plus enviables. Le pire et le meilleur. Pour le pire, voyez l'Iran, l'Afghanistan, le Yémen. Pour le meilleur : Israël, le Népal, la Thaïlande, Taïwan, l'Australie, la Nouvelle-Zélande. Dans les premiers, la peine de mort attend encore les homosexuels. Des régimes totalitaires, fondés sur une lecture radicale de la loi islamique, y mettent en coupe réglée l'ensemble de la société. Les personnes qui s'écartent de la norme sont sommées de disparaître. Une pure et simple logique d'élimination est à l'œuvre. Dans les seconds, les personnes LGBT+ peuvent se marier et fonder une famille. Elles sont bien acceptées par la majorité de la population et des gouvernements démocratiques veillent à leur protection.

Iran, Afghanistan, Yémen ne sont pas les seuls ennemis déclarés des personnes queer. Au-delà de ces grands inquisiteurs, 23 pays continuent de pénaliser l'homosexualité en Asie-Pacifique[1]. Ce sont les pays du Proche

---

1. La région Asie-Pacifique compte 56 États. Dans 30 d'entre eux, l'homosexualité est légale. Dans 26 pays, elle est illégale.

et Moyen-Orient, à l'exception d'Israël, ainsi que les autres États d'Asie dont le droit est dicté ou influencé par la charia, comme le Pakistan, le Bangladesh, l'Indonésie, la Malaisie, le Brunei, l'Ouzbékistan et le Turkménistan. Mais ce sont aussi deux pays où dominent les religions orientales. La Birmanie qui vit sous la chappe de plomb d'un régime militaire. Le Sri Lanka, dont l'histoire porte encore la marque des périodes de gouvernance autoritaire et d'une longue guerre civile. Ce sont également sept États insulaires du Pacifique où domine une version conservatrice du christianisme : Papouasie-Nouvelle-Guinée, Tuvalu, Tonga, Kiribati, Niue, Samoa, Salomon. Particularité de ces îles, à l'exception de Salomon : elles répriment les relations entre hommes, mais épargnent les amours saphiques.

Outre l'Afghanistan, l'Iran et le Yémen, quatre États de la région ont la peine de mort dans leur dispositif de sanctions : l'Arabie Saoudite, le Qatar, les Émirats arabes unis, le Pakistan. Toutefois, nous n'avons pas la preuve de l'application récente de la peine capitale par ces pays. La dernière fois que l'Arabie Saoudite a reconnu y avoir recours était en 2002. Trois homosexuels avaient alors été décapités. Le Brunei dispose toujours de la peine de mort dans sa législation, mais a décidé un moratoire. Dans tous les autres États qui criminalisent, des peines de prison plus ou moins longues frappent les personnes accusées d'homosexualité.

Dans ces pays, la situation des personnes LGBT+ est comparable à celle qui prévaut dans la plus grande partie de l'Afrique. L'homosexualité y est un tabou absolu. Les LGBT+ sont pourchassés et ne survivent qu'à la condition de se cacher. Comme les Juifs marranes persécutés dans l'Espagne des rois catholiques, ces *gays du secret* sont souvent obligés de faire croire à une conversion. Ils prennent femme et deviennent de bons pères de famille, ce qui ne les empêche pas de pratiquer en catimini. Et comme tous ceux qui cachent un secret inavouable, ils vivent dans la peur du chantage.

Au Moyen-Orient, la situation est cependant pire qu'en Afrique. De Ryad à Kaboul en passant par Téhéran et Damas, on n'entend absolument pas parler des questions LGBT+ dans les médias et les réseaux sociaux. C'est le black-out total. Le silence complet. Même pour la déplorer ou la dénoncer, on n'évoque jamais l'homosexualité. Et naturellement, il ne peut pas y exister la moindre association, sauf dans quelques pays comme le Liban et la Jordanie[1].

La pratique des châtiments corporels y est aussi plus répandue que sur le continent africain. Dans les États gouvernés par la loi coranique, les personnes arrêtées pour homosexualité peuvent être soumises à la lapidation ou à la flagellation. En Iran, cent coups de fouet

1. Israël, où existent de nombreuses associations pro-LGBT+ qui travaillent ouvertement, fait aussi exception, mais n'est pas citée dans ce passage concernant les pays qui criminalisent l'homosexualité. À noter que la Jordanie ne pénalise plus de façon explicite l'homosexualité depuis 1951, mais peut poursuivre les personnes homosexuelles sur la base de dispositions relatives aux bonnes mœurs.

sont infligés aux femmes coupables de lesbianisme. Après trois infractions, elles s'exposent à la peine capitale. C'est la sanction à laquelle ont été condamnées Zahra Sedighi Hamedani et Elham Chubdar après leur arrestation en 2021. Accusées de « corruption sur terre », elles ont finalement été libérées sous caution en 2023. Au Yémen, les hommes mariés sont passibles de la peine de mort par lapidation, les hommes non mariés de cent coups de fouet ou d'un an d'emprisonnement. La mort par lapidation est aussi le sort qui attend les homosexuels en Afghanistan, le pays où la cruauté à l'encontre des personnes LGBT+ atteint son paroxysme, au point que le procureur de la Cour pénale internationale a décidé, en janvier 2025, de lancer des mandats d'arrêt contre deux dirigeants talibans pour crimes contre l'humanité. Les poursuites demandées contre Haibatullah Akhundzada et Abdul Hakim Haqqani pour « persécution liée au genre » constituent d'ailleurs une première historique. Elles font franchir un seuil au combat pour les droits des personnes LGBT+.

Si la situation au Moyen-Orient apparaît plus grave que celle de l'Afrique, c'est aussi parce que les crimes d'honneur y sont plus fréquents. Ces meurtres barbares sont documentés dans les pays du Golfe, en Jordanie, Syrie, Irak, Iran, Afghanistan, Asie centrale, Tchétchénie et même Turquie. Les familles, pour effacer le déshonneur, choisissent de faire disparaître ceux qui en sont la cause. Les premières victimes sont les filles qui ont le tort d'aimer avant le mariage ou de s'attacher à un garçon appartenant à un groupe honni par la famille. Mais les jeunes gays, lesbiennes ou trans font aussi partie des cibles.

À l'autre extrémité, il existe une Asie-Pacifique gay-friendly. Dans une poignée de pays, la situation des personnes LGBT+ est très proche de celle de l'Europe ou des Amériques. Pour l'Australie et la Nouvelle-Zélande, la chose est connue. Les évolutions de ces deux démocraties sur la question LGBT+ s'inscrivent dans la même temporalité que celles du Royaume-Uni, du Canada ou des États-Unis, pays auxquels les rattachent l'Histoire, la démographie, la culture, la langue. Elles dépénalisent l'homosexualité dans les années 1980-1990. Elles ouvrent le mariage au cours des quinze premières années du XXIe siècle. La tolérance d'Israël à la diversité sexuelle et de genre est elle aussi notoire. Dans l'État hébreu, la chronologie du progrès est à peu près la même. Israël participe, en temps réel, à la révolution LGBT+ qui transforme les sociétés démocratiques à la fin du siècle dernier et au début de celui-ci.

Pour les trois autres territoires de l'avant-garde asiatique – Taïwan, Népal, Thaïlande –, les évolutions sont plus récentes. Le mariage gay, symbole de la pleine reconnaissance des personnes LGBT+, y intervient respectivement en 2019, 2023 et 2024. Taïwan, où j'ai effectué un déplacement en octobre 2024, est l'endroit où l'acceptation de la diversité sexuelle est la plus grande. Chaque année, Taipei accueille la plus importante Marche des Fiertés d'Asie à laquelle participent plus de 180 000 personnes. Environ 70 % de la population affichent un soutien au mariage pour tous[1] et les personnes homosexuelles vivent ouvertement leur identité. C'est le cas de la députée Huang Jie qui me reçoit dans sa permanence. Nous parlons surtout des mariages inter-détroit. C'est le sujet de l'heure dans un contexte de tension persistante avec la Chine. Taïwan vient de reconnaître la possibilité de se marier aux couples homosexuels dont l'un des partenaires est chinois et l'autre taïwanais. La condition, comme pour les couples hétérosexuels, est que le mariage ait été préalablement réalisé à l'étranger. Pour les partenaires de même sexe, il doit être enregistré dans l'un des 37 pays qui dans le monde reconnaît le mariage homosexuel. C'est une façon, m'explique Huang Jie, de répondre aux attentes de nombreux couples sino-taïwanais sans heurter de front le gouvernement chinois. Taïwan affiche, dans tous les domaines, une extraordinaire modernité. Elle apporte la réfutation, chimiquement pure, de l'absurde relativisme culturel. Non, me dis-je en regardant cette jeune et élégante députée taïwanaise, les droits des personnes LGBT+ ne sont décidément pas l'apanage des Occidentaux. Ils sont bel et bien universels. Ils vont avec la démocratie et les libertés individuelles, qui sont à la portée de tous les peuples et auxquels tous aspirent naturellement.

Entre cette Asie à la pointe du progrès LGBT+ et celle qui réprime brutalement les sexualités alternatives figurent les géants démographiques, économiques et politiques du continent : Inde, Chine, Japon. Leur culture

1. Source : Commission nationale des droits humains de Taïwan.

façonnée par les religions orientales dépourvues d'interdit de l'homosexualité les préserve de la violence anti-LGBT+. Comme d'autres pays de leur environnement régional – Corée du Sud, Bhoutan, Cambodge, Vietnam, Laos, Mongolie, Philippines –, ces trois grands d'Asie ont décriminalisé les relations homosexuelles. Sans être des pays progressistes, leur population a évolué ces dernières décennies vers une acceptation plus grande des personnes LGBT+. Mais le tableau est contrasté.

Dans cette catégorie intermédiaire, les démocraties avancent plus vite et plus sûrement. C'est le cas du Japon où je me suis rendu en octobre 2024. L'homosexualité masculine n'y a été juridiquement pénalisée qu'une dizaine d'années sous l'ère Meiji. Les préjugés sont loin d'avoir disparu, mais les sondages montrent une opinion de plus en plus favorable[1]. Mes discussions avec les autorités et la société civile y ont été dominées par la question du mariage. Car le débat est désormais ouvert sur ce sujet dans l'empire du Soleil-Levant. C'est la première revendication d'un mouvement LGBT+ structuré, qui ne manque pas de relais dans beaucoup de milieux de la société. Yuriko Koike, qui vient d'être réélue à la mairie de Tokyo, la plus grande ville de la planète, fait partie des alliés. Cette femme politique, parmi les plus puissantes du monde, me reçoit au siège du gouvernement métropolitain, dans les immenses tours jumelles de Shinjuku. Dès sa première élection, en 2016, m'explique-t-elle,

1. https://www.equaldex.com/region/japan

elle a encouragé l'adoption de « partenariats enregistrés » pour les couples de même sexe. Le mouvement s'est depuis étendu au-delà de la capitale. Près de 500 municipalités japonaises, couvrant plus de 85 % de la population, proposent dorénavant ce type d'union civile. Le « partenariat enregistré » permet l'accès au logement social et à divers services administratifs. Il ouvre surtout une brèche symbolique en apportant pour la première fois une reconnaissance sociale aux personnes homosexuelles. Se faisant, il met ouvertement la question du mariage gay à l'ordre du jour, selon un scénario que nous avons connu en France, un quart de siècle plus tôt, avec le Pacs.

Encouragés par cette dynamique, plusieurs couples de même sexe ont porté plainte devant des tribunaux locaux parce que le mariage leur était refusé. Parmi eux, Ai Nakajima, 40 ans, mariée en Allemagne avec sa compagne de longue date Kristina Baumann, une Berlinoise de 32 ans. Elles font partie des treize couples qui, le jour de la Saint-Valentin 2019, ont intenté des poursuites judiciaires dans différentes villes du Japon pour exiger la légalisation du mariage homosexuel. L'État aurait méconnu le principe d'égalité des droits entre les citoyens, pourtant garanti par l'article 14 de la Constitution. En 2024, trois hautes cours de justice, celle de Sapporo, Tokyo et Fukuoka, ont donné raison à ces plaignants. D'autres jugements favorables devaient suivre en 2025, à Nagoya et Osaka. L'affaire devrait rapidement remonter à la Cour suprême. Si la décision de la plus haute juridiction japonaise devait être positive, ce que l'on peut présumer, ce sera alors à la Diète d'intervenir.

Le vice-ministre de la Justice, Yoshiyuki Tsutsumi, que je rencontre également, se dit convaincu que la perspective des JO de Tokyo en 2020 a joué un rôle dans cette dynamique. Le Japon est soucieux de son image de modernité et d'hospitalité. Ce souci de l'attractivité internationale, doublé de celui de tenir son rang parmi les grandes puissances démocratiques, explique aussi, me dit-il, qu'avant sa présidence du G7 le Japon ait adopté la loi pour « une meilleure compréhension des personnes LGBT+ ». Une loi assez générale qui, lors de ma visite à Tokyo, attendait encore sa mise en œuvre, mais qui montrait clairement dans quelle direction souhaitait aller ce grand pays.

Pour le mariage pour tous, l'épreuve du Parlement sera difficile. C'est ce que me disent des députés et sénateurs qu'avec l'ambassadeur de France au Japon nous avons réunis à la table de la Résidence. Il n'est pas certain que la Diète suive la Cour suprême, nous expliquent-ils. Peut-être se contentera-t-elle d'une solution intermédiaire type Pacs, ce qui repousserait encore dans le temps l'adoption du mariage pour tous. C'est la crainte des ONG qui me demandent de ne pas aborder cette option avec les autorités. Le mariage égalitaire est définitivement la priorité de leur combat.

Le mariage, même s'il n'est pas certain qu'il veuille en bénéficier lui-même, le moine bouddhiste Kodo Nishimura y est bien sûr favorable. C'est une célébrité au Japon depuis qu'il a fait son *coming out*. Je lui ai fixé rendez-vous dans un café de style parisien de Tokyo. Nous commençons par évoquer un ami commun, Karl Sanchez, alias Nicky Doll, star de Drag Race en France, qui nous a mis en contact. Kodo Nishimura m'explique la mission qu'il s'est donnée : montrer que le bouddhisme, non seulement n'est pas incompatible avec l'homosexualité et la transidentité, mais fournit une voie pour leur meilleure acceptation. J'y retrouve une idée que j'ai entendue au Brésil chez le père Lancelotti, en Afrique du Sud chez la fille de Desmond Tutu, elle-même pasteure de l'Église anglicane, ou encore chez l'imam gay Muhsin Hendricks : la compassion doit s'étendre à tous les êtres, indépendamment de leur orientation sexuelle ou de leur identité de genre. La miséricorde ne connaît pas de frontière. Elle transcende les catégories et les étiquettes. Avec ce message qui réconcilie spiritualité et progrès, Kodo Nishimura contribue à faire bouger les lignes au Japon, et au-delà. Il montre que l'on peut être gay et mystique, porter des talons aiguilles et le kesa des moines bouddhistes, hériter des plus vénérables traditions et prôner le respect de la diversité sexuelle et de genre.

Une chose est sûre, les droits avancent au Japon. Certes, le dernier empire de la planète pratique, sur ce sujet comme sur bien d'autres, la politique des petits pas. Les progrès sont prudents, mesurés. Mais ils sont d'autant plus solides et assurés. Quand le pays du Soleil-Levant, après l'avoir mûrement réfléchi, franchit une étape, on peut parier qu'il n'y aura pas de retour en arrière. Rien n'est plus assuré qu'un petit pas. Rien ne nous assure plus de trébucher que les grands bonds en avant.

Comme le Japon, la Chine n'est ni un eldorado ni un enfer pour les personnes LGBT+. Les minorités sexuelles et de genre n'y sont plus hors la loi et les opinions évoluent positivement. Mais gays et lesbiennes y sont encore contraints à une certaine invisibilité, avec des droits limités. Leur bien-être dépend d'abord de l'espace de liberté que le pouvoir est prêt à leur accorder. Assez large au début du siècle, cet espace s'est rétréci depuis la fin des années 2010.

Impossible de comprendre la situation en Chine si l'on n'a pas à l'esprit le vieux fonds culturel et religieux de ce pays-continent. Ni le taoïsme, ni le bouddhisme, ni même le confucianisme originel n'ont jamais prononcé d'anathèmes à l'endroit des homosexuels. On ne trouve pas, dans l'empire du Milieu, cette haine farouche présente sous tant de latitudes. La vérité est que dans la Chine ancienne, pendant plusieurs millénaires, on tolère assez bien l'homosexualité. La norme est bien sûr l'union d'une femme et d'un homme. La continuité de la famille est une impérieuse nécessité. Elle impose aux mariés d'avoir des enfants pour assurer la postérité du nom. Mais le respect de ces rôles traditionnels n'empêche pas les amours homosexuelles, qui ne sont ni interdites ni tenues pour un péché.

Les choses changent à partir du milieu du XVIIIe siècle et au cours de la première modernisation de la Chine, aux XIXe et XXe siècles. Sous l'influence d'un néoconfucianisme conservateur, puis des idées occidentales de l'époque, l'homosexualité est prohibée et persécutée. La période maoïste, en particulier la Révolution culturelle, constitue le point culminant de la répression. Les homosexuels sont accusés de « déviance bourgeoise » et envoyés dans les *laogai*, les camps de rééducation par le travail, dont beaucoup ne reviendront pas.

L'ouverture au monde de la Chine, la libéralisation de son économie et son rapide développement à la fin du XXe siècle ouvrent un nouveau cycle, plus libéral. En 1997, les autorités dépénalisent l'homosexualité. Trois ans plus tard, elles la retirent partiellement de la liste des maladies mentales. Pour autant, les préjugés et les tabous ne disparaissent pas. Des décennies de stigmatisation ont laissé des traces. Surtout, la famille traditionnelle et l'injonction du mariage restent au centre des valeurs. 95 % des gays et lesbiennes chinois cacheraient encore leur orientation sexuelle[1]. Beaucoup en sont réduits à se marier avec un partenaire de sexe différent. Nombre d'entre eux choisissent de contracter un « mariage coopératif », périphrase pour désigner l'union d'une femme lesbienne et d'un homme gay. Ce mariage permet de sauver les apparences et même de faire des enfants. Il n'empêche pas les époux de mener leur vie, chacun de leur côté. D'autres optent pour la « tutelle volontaire ». Cette procédure légale permet à une personne vulnérable – jeune adulte, senior, malade, handicapé... – de contracter avec un tuteur,

1. Enquête du PNUD de 2016.

qui l'assiste dans ses affaires personnelles. Utilisée entre membres d'une même famille ou entre amis proches, elle peut l'être aussi par des couples gay. Les thérapies de conversion sont encore en vigueur dans certaines cliniques et les personnes trans, qui ont plus de mal que les homosexuels à dissimuler leur identité, sont confrontées à de très nombreuses discriminations.

Les autorités sont à l'unisson de la majorité conservatrice et veillent à ce que les sexualités alternatives restent discrètes. *Don't ask, don't tell.* L'homosexualité doit rester une affaire privée dont on ne parle pas. À Pékin, on évoque la politique des trois « non » : pas d'approbation, pas de désapprobation, pas de promotion. Depuis la dépénalisation, le pouvoir n'a pas fait progresser le cadre légal. Le mariage pour tous n'est pas à l'ordre du jour, malgré le débat ouvert à Hong-Kong et l'exemple taïwanais. Aucune loi n'a par ailleurs été adoptée contre les discriminations et les violences. Quant au changement de genre, il reste conditionné à des opérations chirurgicales ainsi qu'à l'approbation de la famille.

Pour les militants que je rencontre à Paris ou avec lesquels je fais des réunions en visioconférence, l'un des principaux enjeux est celui des libertés publiques. Ils veulent pouvoir se réunir librement. S'exprimer sur les questions LGBT+, voire manifester. Que l'on cesse aussi d'ignorer les identités queer dans la culture et les médias. Dans la phase d'ouverture qui a suivi la dépénalisation, les autorités leur ont donné raison. Elles se sont d'abord montrées assez libérales. Après tout, les personnes LGBT+

ne représentaient pas pour le régime un danger comparable à celui des militants pro-démocratie ou pro-Tibet. On pouvait leur lâcher du lest. C'était une affaire d'inclusion, d'« harmonie sociale ». Au cours des quinze-vingt premières années de ce siècle, Pékin a ainsi laissé se développer une sociabilité queer, et même un mouvement associatif LGBT+.

Au début des années 2000, on a vu apparaître des cercles gay et lesbiens dans plusieurs grandes villes du pays. Le plus souvent les communautés de *tongzhi*, ou « camarades », se rencontraient de façon informelle dans les bars. Puis, ces nouveaux activistes ont créé des lignes d'écoute pour tisser des liens de solidarité. Peu à peu, des ONG se sont constituées, souvent dans l'orbite des universités. Le Beijing LGBT+ Center a été fondé en 2008, le Shanghai LGBT+ Center et le Chengdu LGBT+ Center en 2010. Guangzhou, Nankin, Xi'an, Hangzhou ont suivi le mouvement. Il s'agissait d'offrir une aide psychologique, juridique ou sanitaire. Ou d'accompagner les parents d'enfants LGBT+. Voire de sensibiliser les professionnels à la diversité.

En parallèle, les personnes queer chinoises ont investi le champ culturel. En 2001, elles ont fondé le Beijing Queer Film Festival. D'autres événements artistiques devaient suivre, dans d'autres métropoles. Des magazines spécialisés comme *Les+* ou *Gayspot* ont été lancés. En 2009, une nouvelle étape a été franchie avec l'organisation de la première Pride à Shanghai. Pendant cette période, la censure de la culture, des médias, d'Internet et des réseaux sociaux restait stricte. Mais elle laissait passer au compte-gouttes des contenus LGBT+, notamment dans les films étrangers, pourvu qu'ils soient discrets et sous-entendus.

Symbole de cette ouverture : Jin Xing. Jin Xing, que je rencontre à Paris en mai 2025, est danseuse et chorégraphe. Elle est la première femme trans connue en Chine. En 2016, elle a animé à la télévision un *talk-show* rassemblant pas moins de 100 millions de spectateurs. Elle n'y parlait pas d'elle-même ni des questions LGBT+. Mais chacun savait parfaitement qui elle était. Les autorités, en particulier, n'ignoraient rien de la transidentité de cette star qui dans une autre vie avait été colonel de l'armée populaire chinoise.

Durant cette période, les militants se sont également engagés sur le terrain judiciaire pour faire avancer les droits. En 2014, ils ont réussi à faire condamner une clinique de Chongqing qui pratiquait des thérapies de conversion. Leurs procès contre des manuels scolaires homophobes, pour le mariage gay ou contre les discriminations antitrans n'ont rien donné, mais ils ont permis d'attirer l'attention des plus grands médias sur la demande d'égalité et de respect des LGBT+.

Enfin, c'est sur le terrain politique que se sont avancés les militants. En 2019, l'Assemblée nationale populaire avait à son agenda l'adoption du premier code civil chinois. Plus de 180 000 citoyens, mobilisés par une campagne d'ONG pro-LGBT+, ont alors adressé à la Commission des affaires législatives la demande d'introduire dans le nouveau texte le mariage entre personnes de même sexe. Une surprise, car les projets de lois sur lesquels le public est autorisé à s'exprimer ne reçoivent en général que quelques centaines de commentaires, tout au plus quelques milliers.

C'est le moment, à l'aube des années 2020, où l'attitude des autorités change. Le gouvernement de Pékin décide de renforcer son contrôle sur les communautés de « camarades ». À force de s'organiser, de manifester, de s'exprimer librement, de revendiquer de nouveaux droits, les activistes LGBT+ étaient en passe de devenir des acteurs politiques. Difficile à accepter dans un pays où le Parti communiste a vocation à détenir le monopole du pouvoir ! Le durcissement s'inscrit dans un contexte global de resserrement généralisé du contrôle sur la société civile. Les LGBT+ ne sont pas seuls visés. La reprise en main est générale. Elle concerne tous les secteurs, tous ceux qui cherchent à jouer un rôle politique en dehors des canaux officiels. Elle s'accompagne d'une surveillance plus grande des ONG ayant des liens avec l'étranger et de la montée d'un discours politique à tonalité conservatrice.

Un premier avertissement avait été lancé dès 2017 : l'arrêt brutal du *talk-show* animé par Jin Xing. Celle-ci me le raconte. Pendant l'une de ses émissions, un drapeau arc-en-ciel était apparu à l'écran. Cela n'avait duré que quelques secondes. La provocation n'était ni prévue, ni organisée. Elle était le fait d'une personne du public, qui avait réussi à introduire discrètement le drapeau sur le plateau de télévision. À partir de cet incident, le *talk-show* a été déprogrammé. Jin Xing ne s'est plus jamais vu proposer d'autres émissions. Les portes se sont fermées les unes après les autres, sans qu'elle reçoive la moindre explication. Quand elle me relate sa gloire – elle revendique des millions de followers sur Weibo – suivie de sa chute soudaine, nous sommes à Paris. Elle y a finalement trouvé refuge avec son mari allemand, cadre d'une entreprise française. Sur les rives de la Seine, elle trépigne et contient avec peine son impatience. Elle est riche et ne manque de rien, mais cette nouvelle vie – loin des paillettes et des acclamations du public – n'est pas celle dont elle a rêvé.

Ce moment où l'émission de Jin Xing a été interrompue correspond à une reprise en main des autorités qui imposent une censure plus sévère des médias. Médias traditionnels, mais aussi Internet et réseaux sociaux dont les personnes LGBT+, depuis plusieurs années, s'étaient emparées. Les mots de la sémantique queer sont bloqués par les moteurs de recherche. Des groupes de discussion online sont supprimés. 2017, c'est également le moment où de nouvelles lois sont adoptées – sur la charité et sur les ONG étrangères – qui permettent au pouvoir de s'immiscer dans les affaires internes des associations. Elles sont désormais sous étroite surveillance et celles qui entretiennent des liens avec les ambassades font l'objet d'intimidations. En 2020, la Pride de Shanghai, covid oblige, est annulée. Elle ne reverra plus le jour. Trois ans plus tard, les centres LGBT+ qui s'étaient créés durant la phase de libéralisation ont presque tous disparu. C'est le cas de ceux de Pékin ou de Chengdu, que les diplomaties occidentales connaissent bien.

Malgré tout, je reste optimiste pour les communautés LGBT+ de Chine. Elles sont d'une extraordinaire résilience. Elles n'ont pas renoncé. Omniprésentes sur les réseaux, elles réussissent bon an mal an à contourner la censure. La révolution numérique reste leur meilleure alliée. Si les espaces de liberté sont réduits, la Chine d'aujourd'hui n'est pas non plus la Chine totalitaire de Mao. Il y a toujours des bars et des boîtes gay, des événements artistiques queer. La Shanghai Pride ne se réunit plus, mais organise des conférences ou des salons de l'emploi. Les activistes, sous certaines conditions, peuvent sortir du pays et y revenir. Les mailles du filet se sont resserrées. Elles n'empêchent pas totalement de respirer. Mais surtout, les nouvelles générations ne ressemblent pas aux plus anciennes. Leurs opinions sur la diversité sexuelle et de genre évoluent. Elles sont de plus en plus tolérantes vis-à-vis des 70 millions de personnes queers que compterait désormais la République populaire. Une véritable révolution silencieuse est à l'œuvre.

En Inde, autre grand pays d'Asie, les personnes LGBT+ sont également dans une situation intermédiaire. Delhi n'a mis fin à la pénalisation de l'homosexualité, héritage de l'Empire britannique, qu'en 2018. Comme la plupart des autres avancées dans ce pays de common law, on doit cette décision à la Cour suprême. Singularité de l'Inde, par rapport à la Chine et au Japon, le pays dispose d'un cadre légal plus progressiste pour les personnes trans. Non seulement la transition est autorisée, mais un troisième genre a été créé, en particulier pour ceux qui s'identifient comme *hijras*[1]. Là aussi, la Cour suprême est à l'origine de l'innovation en 2014, confirmée par une loi de 2019. Cela permet aux Indiens de renouer avec leur longue tradition de tolérance à l'égard de la transidentité, qui puise ses racines dans leurs plus anciennes conceptions religieuses. Pourquoi se crisper sur les identités masculines et féminines alors que nous pouvons nous réincarner sous les traits de l'autre sexe ? Pourquoi les séparer absolument, les tenir pour imperméables, alors que tant de divinités du panthéon se jouent de ces frontières ? Brahman est au-dessus des genres. Shiva est ambiguë. Ardhanarishvara, fusion de Shiva et Parvati, représente l'union des principes masculin et féminin. Durga, déesse de la Guerre, illustre une certaine fluidité de genre. De même que Kali, déesse de la destruction et de la transformation.

Malgré tout, les préjugés contre l'homosexualité y demeurent encore très présents, surtout dans les zones rurales. Equaldex donne à l'Inde une note de 55 pour l'index d'opinion publique, contre 66 à la Chine. Les esprits évoluent dans les villes et chez les jeunes, mais il reste encore un long chemin à parcourir. L'Inde n'a toujours pas adopté de loi contre les discriminations à l'encontre des homosexuels. La loi de 2019 protège bien les *hijras*, mais pas les gays, lesbiennes ou bisexuels. Quant au mariage pour tous, il n'est pas encore d'actualité. En 2023, la Cour suprême a été saisie du sujet. Elle n'a pas fermé la porte, mais déclaré qu'elle n'était pas habilitée

1. Voir le chapitre sur la transidentité.

à se prononcer. En Inde, à la différence de ce qu'il se passe en Chine, le plus grand défi des homosexuels est de se faire accepter non par les autorités, mais par une société encore très conservatrice.

Les tendances dans la vaste région Asie-Pacifique sont à l'image de celles de la planète. Elles sont ambivalentes. Les pionniers[1], à ce stade, continuent d'avancer. À tout le moins ne remettent-ils pas en question les acquis des dernières décennies. Dans certains pays, comme l'Australie, le retour de Donald Trump a même eu l'effet de renforcer le camp libéral.

Les évolutions restent également positives dans la plupart des pays du groupe intermédiaire, à l'exception de la Chine. Au Japon, en Inde, en Corée, en Mongolie, au Bhoutan, au Cambodge, au Vietnam, au Laos, à Timor, aux Philippines, à Singapour, les sociétés continuent de se montrer de plus en plus tolérantes et les droits sont plutôt en progression. Je l'ai vérifié à Phnom Penh en 2024. Les autorités m'y ont fort bien reçu. Elles ont mis un point d'honneur à souligner l'ouverture croissante du pays sur les enjeux LGBT+, dont elles semblent faire une vitrine diplomatique. Elles m'ont expliqué que l'ouverture du mariage était une option, rendue de plus en plus probable par le lent changement des mentalités.

Les tendances sont également positives dans une petite partie des 20 pays qui criminalisent, surtout dans les États insulaires du Pacifique. Fidji, Nauru, les îles Cook

1. Australie, Nouvelle-Zélande, Israël, Népal, Thaïlande, Taïwan.

ont dépénalisé. Dans d'autres États, comme Samoa, le débat est ouvert et les mouvements en faveur des droits plus visibles. La dynamique de décriminalisation est à l'œuvre, encouragée par l'Australie et la Nouvelle-Zélande, mais aussi la France et, de façon intermittente, les États-Unis. Un autre pays pourrait être sur la voie d'une dépénalisation : le Sri Lanka. En septembre 2024, Harini Amarasuriya est devenue Première ministre. Cette universitaire d'origine modeste, spécialiste des inégalités, est depuis longtemps engagée pour les droits des femmes, mais aussi pour ceux des LGBT+. Son accession au pouvoir a soulevé un vent d'espérance.

À l'opposé, il existe une Asie où, faute de sécularisation ou de cadre démocratique, tout est figé. Dans le Golfe, au Proche et au Moyen-Orient, en Asie centrale, au Pakistan et en Afghanistan, ainsi que dans quelques autres États d'Asie du Sud comme la Malaisie, aucun progrès ne pointe à l'horizon. C'est la stagnation.

Dans certains pays, on est même passé de l'immobilisme à la régression. Que les pouvoirs cherchent à renforcer leur contrôle sur la société ou que les esprits se radicalisent, le plus souvent autour d'un islam très conservateur, et la condition des personnes LGBT+ se dégrade.

Dans quelques États de la région, cette détérioration de la situation fait suite à un durcissement de la législation. C'est bien sûr le cas de l'Afghanistan. Depuis le retour au pouvoir des talibans en 2021, ce pays est devenu le tombeau des LGBT+. C'est le cas aussi des territoires contrôlés par les Houthis au Yémen, où la loi islamique est invoquée pour mener une guerre totale aux homosexuels. Mais également de l'Irak qui, en 2023, a décidé de pénaliser officiellement l'homosexualité. Celle-ci y était déjà traquée et persécutée, mais elle l'était sous couvert de protection des bonnes mœurs. Il n'existait pas à Bagdad de loi interdisant nommément les relations homosexuelles. C'est désormais chose faite. Autre exemple de renforcement du cadre légal : le Kirghizstan. En 2023, le « pays des montagnes » a pris une loi de type russe contre la propagande des relations sexuelles non traditionnelles auprès des mineurs. Il s'est aussi doté, pour compléter sa panoplie, d'une loi contre les agents de l'étranger.

Dans d'autres États d'Asie, les législations restent les mêmes, mais elles sont appliquées de façon plus brutale. Cela s'accompagne souvent du développement de campagnes hostiles aux homosexuels, en particulier sur les réseaux sociaux. Des campagnes qui entraînent une augmentation des agressions et installent un climat d'intimidation.

Le Liban, autrefois un refuge pour les personnes queer du Moyen-Orient, n'est pas épargné par cette violence anti-LGBT+ qui touche de nombreux pays de la région. Quelques députés du pays du cèdre ont présenté, en 2023, un projet de décriminalisation de l'homosexualité. Celui-ci n'a pas seulement été retoqué. Il a déclenché une flambée de haine d'une extraordinaire cruauté. Si plusieurs leaders politiques ou religieux ont soufflé sur les braises, c'est le chef du Hezbollah Hassan Nasrallah, éliminé par Israël l'année suivante, qui a atteint le comble de l'abjection.

À l'occasion de la fête chiite d'Achoura, le dirigeant terroriste a lancé un appel à tuer les homosexuels. Cela faisait plusieurs années que la situation s'était dégradée pour la communauté LGBT+ du Liban. En 2017, une Pride avait été organisée, la première dans le monde arabe. Mais aussi la dernière. Car à partir de 2018, la Marche a été interdite. Les espaces de liberté pour les LGBT+ se sont rétrécis et les discours homophobes, comme les passages à l'acte, se sont multipliés.

Progrès d'un côté, recul ou stagnation de l'autre : le fossé entre pays sur la question LGBT+ a donc tendance à se creuser dans la zone Asie-Pacifique, selon un schéma que l'on observe pour l'ensemble du monde. La région est encore plus divisée que l'Afrique sur le sujet de l'orientation sexuelle et de l'identité de genre. Elle est à l'image de la planète tout entière. Elle montre, mieux encore que le continent africain, la totale incongruité de la notion de « Sud global ».

Alors que j'écris ce livre, une bonne nouvelle arrive de Hong-Kong. Jimmy Sham, icône du mouvement prodémocratie et de la cause LGBT+, a été libéré. Durant son incarcération pour sa participation à l'organisation des primaires de 2020, l'ancien porte-parole de la Pride de Hong-Kong avait continué de se battre contre la justice pour faire reconnaître son mariage avec son compagnon, contracté en 2014 à New York. C'est du fond de sa prison, en 2023, qu'il avait appris le rejet de son recours. Mais la décision de la Haute Cour n'était pas totalement négative. Se saisissant de son cas, elle enjoignait au gouvernement de Hong-Kong d'élaborer un cadre de reconnaissance des unions de même sexe dans un délai de deux ans. À sa sortie de prison, Jimmy Sham ne semble pas trop savoir quoi dire aux nombreux journalistes qui lui tendent leur micro. « J'essaie encore de comprendre ce que je peux et devrais faire à l'avenir, et où se trouvent les lignes rouges », dit-il prudemment. Mais sa détermination est intacte. Pour ceux qui en douteraient, un détail ne trompe pas. Sur les images rapportées par les médias de ce premier jour de liberté retrouvée, on voit Jimmy Sham porter un T-shirt aux couleurs arc-en-ciel. Jimmy Sham est peut-être l'un des plus grands défenseurs de la cause LGBT+ au XXIe siècle.

Les États-Unis, miroir de toutes les contradictions

Juin 2025. Washington accueille la World Pride, la première depuis la réélection de Donald Trump. Au-dessus de la résidence de France où je me trouve, je vois passer trois hélicoptères. Nous sommes vendredi après-midi et Donald Trump se rend à Mar-al-Lago pour le week-end. Il ne verra donc pas l'immense défilé qui, le lendemain, s'étirera dans les rues de la capitale fédérale. C'est pourtant lui qui est dans tous les esprits.

Depuis sa prise de fonctions, quatre mois plus tôt, Donald Trump a lancé une offensive massive contre les personnes LGBT+. Cette offensive a d'abord pour cible la transidentité. « Il n'y a que deux sexes et ils ne sont pas modifiables », a-t-il martelé au premier jour de son mandat. À travers une série d'*executive orders*, il a mis fin à la possibilité de s'auto-identifier sur les documents fédéraux ou d'y indiquer un genre neutre. Il a suspendu les financements fédéraux allant aux soins d'affirmation de genre des mineurs. Ordonné l'expulsion de l'armée de milliers de personnes transgenres. Interdit aux femmes trans d'accéder aux compétitions sportives féminines, aux prisons et aux centres d'hébergement pour femmes.

Au-delà de la transidentité, qui concerne 1,6 million de personnes aux États-Unis, ce sont les politiques de diversité et d'inclusion qui se trouvent dans le collimateur du président. Depuis janvier 2025, ces politiques qui protègent contre les discriminations et les violences l'ensemble des LGBT+, soit 10 millions de personnes, sont méthodiquement démantelées dans les administrations fédérales. Tous les crédits susceptibles de financer « l'idéologie du genre », en particulier dans les écoles, sont interrompus. Les mots censés porter cette prétendue « idéologie » sont bannis des sites internet officiels[1]. Et les entreprises désireuses d'avoir des contrats sont priées d'en finir avec la diversité et l'inclusion.

Pour la communauté LGBT+ américaine, le réveil est brutal. Elle évolue désormais en terrain miné. La World Pride est l'occasion pour elle d'exprimer ses inquiétudes. Malgré la colère, la Marche est pacifique et festive. De la 14e Rue jusqu'à Pennsylvania Avenue, elle avance dans le calme. Rien à voir avec les affrontements qui, au même

1. Au lendemain de l'investiture, comme le souligne France Info, le terme LGBT+ apparaît une seule fois sur le site de la Maison Blanche… pour dénoncer le gaspillage de 2 millions de dollars pour les changements de sexe et l'activisme LGBT+ au Guatemala. Tous les autres contenus ont disparu. Voir https://www.franceinfo.fr/vrai-ou-fake/etats-unis-donald-trump-est-il-en-train-de-censurer-certains-mots_7063064.html

moment, se déroulent à Los Angeles sur la question migratoire. Avec un million de participants, on peut dire que la Pride est un succès. Elle rassemble beaucoup plus largement que l'année précédente. Mais elle n'atteint pas les 3 millions de personnes espérées par les organisateurs. Les participants de l'étranger, dissuadés pour certains par les nouvelles règles en matière de visa, qui obligent à déclarer son sexe de naissance, sont moins nombreux que prévus.

Avant la Marche, j'échange avec les responsables d'Human Rights Campaign, l'une des plus grandes ONG américaines de défense des droits. Dans leur bureau qui donne sur la cathédrale Saint-Matthieu, Clint Birdsong et JoDee Winterhof m'expliquent que la rafale de décrets exécutifs de Donald Trump a d'abord assommé le mouvement LGBT+. Après une campagne présidentielle au cours de laquelle le candidat républicain avait fustigé la « folie transgenre de la gauche », les uns et les autres s'attendaient à vivre des moments difficiles. Mais ils n'imaginaient pas que Donald Trump, une fois élu, irait aussi loin, à la fois dans la remise en cause des droits et dans le combat idéologique.

Passé ce moment de sidération, la communauté LGBT+ a commencé à relever la tête. Elle s'est d'abord lancée dans une bataille judiciaire. Contre chaque décision de la nouvelle administration américaine, elle a engagé des recours devant les tribunaux. Elle a aussi renforcé ses actions de solidarité, en particulier au bénéfice des mineurs trans dans les États Maga. Elle s'est également engagée dans une recherche de financements pour pallier le retrait de l'administration fédérale et celui des nombreuses entreprises sensibles aux pressions de Washington.

Surtout, les membres de la communauté LGBT+ se sont mis à espérer. Espérer que Donald Trump s'arrête là et que les élections de mi-mandat créent une nouvelle situation. Espérer que les prochaines années n'amènent pas, compte tenu de la composition de la Cour suprême, un renversement de jurisprudence sur le mariage pour tous. Espérer que les États républicains ne profitent pas de cette séquence hostile aux droits LGBT+ pour ouvrir de nouveaux fronts, car le plus important reste ce qu'il se passe dans les États fédérés.

Mais les membres de la communauté se sont bien gardés d'entrer dans une guerre ouverte contre l'administration. Leur réaction reste mesurée. Sans doute parce qu'ils sont encore tétanisés. Parce qu'ils souhaitent éviter toute espèce d'escalade. Mais aussi parce qu'ils s'interrogent sur leur stratégie. Faut-il changer de narratif ? Faut-il accepter des compromis, par exemple sur les espaces genrés dans les toilettes, les traitements médicaux des mineurs ou les débats sur le sport ? Ce mélange de retenue, de doute, de prudence se ressent lors de la Marche de Washington. On n'y croise point de slogan agressif. Point de déclaration d'insoumission. Point de provocation.

Je défile avec les ambassadeurs des pays de l'Union européenne. Comme souvent dans ce type de manifestations, les Pays-Bas, l'Allemagne, l'Espagne, la Belgique, les pays du

Nord du continent européen sont aux premières loges. Une sénatrice espagnole et un député italien se sont également joints au cortège. Il s'agit de montrer l'unité de l'Europe sur la question LGBT+. Sur notre passage, la foule assemblée derrière les barrières applaudit les couleurs du drapeau européen. *Take me with you*, nous lance un jeune homme. Quelques mètres plus loin, marchent des fonctionnaires américains. Ils sont là à titre privé. Ils ont cependant tenu à nous le faire savoir. Parmi eux, des agents du Département d'État ainsi qu'un collaborateur de l'USAID[1], désormais licencié. Quelques-uns portent un masque arc-en-ciel. J'ai d'abord cru à un déguisement. Les Pride ont un côté « fêtes costumées ». La vérité est que ces *civil servants* préfèrent garder l'anonymat. On ne sait jamais. L'image est saisissante et cadre mal avec la représentation qu'au fil du temps nous nous étions forgée de la grande République américaine.

Avec ces diplomates, nous échangeons quelques mots sur la situation aux États-Unis et sur ses conséquences internationales. Le gel de l'aide US a privé les ONG pro-LGBT+ dans le monde d'environ 40 millions de dollars. Elles aussi vivent un moment difficile. Elles sont souvent obligées d'interrompre leurs programmes, de licencier du personnel, voire de mettre la clef sous la porte. Quand leur mission est d'offrir un refuge à des personnes persécutées ou de distribuer des antirétroviraux contre le sida, c'est une véritable catastrophe humanitaire. Le revirement américain sur la question LGBT+ a aussi pour effet, sur tous les

1. Agence des États-Unis pour le développement international.

continents, de galvaniser certains leaders, qui ne voient plus trop de raison de retenir leurs coups contre la transidentité ou « l'idéologie du genre ». Mais l'effet peut être inverse. Dans certains pays, la majorité estime que les intérêts nationaux sont directement menacés par la politique extérieure de Donald Trump. En cause : sa guerre commerciale, sa politique migratoire, ses déclarations annexionnistes, ses positions sur l'Ukraine et la sécurité en Europe. Ici ou là, du Canada à l'Australie en passant par le Mexique ou la Roumanie, il arrive donc que les partis politiques alignés sur Donald Trump perdent du terrain et que le camp libéral se renforce. Les mouvements LGBT+ y boivent du petit-lait.

Ce qu'il se passe aux États-Unis, dans ce domaine comme dans les autres, est évidemment capital. Parce que la première puissance de la planète est regardée de près par tous les gouvernements et toutes les opinions publiques. Elle est première par la force de ses armées et de son économie, mais aussi par l'influence de son modèle de société et de ses politiques. Le monde se regarde dans le miroir des États-Unis, le plus souvent pour l'imiter, parfois s'y opposer. Chaque pays doit se positionner par rapport à la « nation indispensable ». La direction qu'elle donne à son gouvernement a un impact dans le monde entier.

C'est encore plus vrai de l'Amérique de Donald Trump dont chaque déclaration est commentée en temps réel sur les réseaux sociaux par des millions de personnes. Le Bureau ovale est devenu, comme jamais auparavant, la scène principale de la planète. Les propos, souvent spectaculaires, qui y sont prononcés sont attendus avec fébrilité par les médias et les foyers de tous les continents.

Les orientations américaines sur la question LGBT+ sont d'autant plus scrutées que les États-Unis ont un rôle historique sur ce sujet. Le pays n'est pas le premier à avoir dépénalisé l'homosexualité ni recherché la pleine égalité pour les personnes LGBT+. Dans ce pays très religieux, la condition homosexuelle a longtemps été plus difficile que dans des pays comme la France. Mais les émeutes de Stonewall[1] et le mouvement auquel il a donné naissance, le martyre de Harvey Milk et l'attention accordée aux personnes LGBT+ dans la lutte contre le sida, la façon dont Hollywood, de *Moonlight* à *Call Me By Your Name*, a rendu visible l'homosexualité et la transidentité, ont eu une influence considérable sur tous les mouvements de libération gay de la planète. Ils sont au centre de la mythologie et du grand récit LGBT+ mondial. Les droits que les Américains ont arrachés, le plus souvent après quelques pays pionniers, ont ouvert la voie, par un effet de mimétisme, à d'autres victoires dans le monde. Ils les ont rendues crédibles ou possibles. Ils ont partout

1. Dans la nuit du 28 juin 1969, les clients du bar gay Stonewall Inn, dans le quartier de Greenwich Village à New York, ont refusé d'obéir aux policiers qui tentaient de les disperser et ont commencé à protester. Les émeutes ont duré plusieurs jours et les clients du Stonewall Inn ont été rejoints par de nombreuses personnes de la communauté LGBT+ et des alliés. Cet événement est considéré comme le début du mouvement politique en faveur des droits des personnes LGBT+ aux États-Unis.

donné confiance aux militants et inspiré des personnalités politiques courageuses. La défense des droits LGBT+ affichée par la diplomatie américaine, à partir des années 2000, a aussi constitué un tournant. Elle a été un soutien immense, politique et financier, pour les activistes de nombreux pays, en Afrique, en Asie, en Europe centrale et orientale.

D'une certaine façon, c'est le mouvement LGBT+ américain qui donne le ton au mouvement LGBT+ international. C'est lui qui, sans conteste, lui inspire son langage et ses modes d'action. Le sigle « LGBT+ » est américain, comme l'est le drapeau arc-en-ciel, inventé à San Francisco. Comme l'est l'approche intersectionnelle, née sur les campus de New York et de Los Angeles. Comme le sont aussi les parades de la fierté, créées d'abord pour commémorer Stonewall.

La réalité est que les États-Unis sont profondément divisés sur la question des libertés sexuelles et de genre. Et cela n'est pas nouveau. La révolution LGBT+ commencée dans les années 1960 n'a jamais été un long fleuve tranquille. À chaque étape de son développement, de la dépénalisation de l'homosexualité à l'affirmation des personnes trans en passant par le mariage gay, elle a suscité son lot de résistances et de réactions, souvent radicales. Nous avons tendance, hypnotisés que nous sommes par l'actualité, à oublier cette histoire très conflictuelle.

Si la décriminalisation débute en 1961 en Illinois, il ne faut pas oublier qu'en 1986 la Cour suprême confirme la constitutionnalité des lois antisodomie. À cette date, la moitié des États américains continuent de criminaliser et des associations de défense de la famille battent le pavé pour conserver ces lois iniques[1]. Il faut attendre 2003 et l'affaire Lawrence v. Texas, pour que la Cour suprême annule toutes les législations antisodomie du pays. À ce moment-là, treize États disposent encore de ces lois interdisant les relations homosexuelles !

Il ne faut pas oublier, surtout, combien la stigmatisation, dans l'Amérique puritaine du XXe siècle, fut brutale. Jusque dans les années 1960 et 1970, les télévisions pouvaient diffuser des clips publics mettant en garde les adolescents contre l'homosexualité[2]. Dans le milieu intellectuel et artistique, à Hollywood notamment, l'homosexualité resta un tabou absolu jusque dans les années 1970. Être ouvertement homosexuel pour un acteur revenait à signer son arrêt de mort professionnel. Rien à voir avec la France de la même époque. Personne n'ignore dans les milieux culturel, médiatique ou politique les orientations sexuelles de célébrités comme Marcel Proust, André Gide, Jean Cocteau, Jean Genet, Jean Marais ou Charles Trenet. Loin de nuire à leur étoile, cette liberté par rapport aux conventions contribue au contraire à leur gloire.

Durant les quinze premières années du XXIe siècle, la querelle du mariage pour tous succède, aux États-Unis, à celle de la décriminalisation. Cette controverse n'est

1. Par exemple, l'American Family Association.

2. Par exemple *Boys Beware* en 1961, qui met en garde les jeunes garçons contre les prédateurs sexuels.

pas moins violente. Elle revêt l'apparence, comme la précédente, d'une véritable guerre culturelle, fort bien décrite par Frédéric Martel dans *Global Gay*[1]. En 1996, le Defense of Marriage Act avait interdit au niveau fédéral le mariage entre personnes de même sexe, dont la demande commençait à monter dans la société civile. En 2003, la Cour suprême du Massachusetts juge cette loi inconstitutionnelle et autorise le mariage gay. D'autres États légalisent à leur tour le mariage pour tous, soit par des décisions judiciaires, soit par des lois ou des référendums. En dix ans, une dizaine franchissent le pas. La plupart des États, cependant, refusent cette évolution et s'arc-boutent sur la loi de 1996. Face aux associations LGBT+, le mouvement profamille s'organise. Des associations comme le Family Research Council ou Focus on the Family donnent de la voix contre les impies qui cherchent à souiller l'institution sacrée du mariage. Comme sur la criminalisation, deux Amériques se font face, l'une favorable, l'autre hostile au mariage homosexuel.

La controverse tourne en faveur de l'Amérique progressiste à partir de juin 2013. La Cour suprême estime, dans l'affaire United States v. Windsor, que le Defense of Marriage Act est inconstitutionnel. Au cours des mois qui suivent, plus de vingt-cinq États adoptent le « same-sex marriage ». La controverse s'achève en 2015 quand la Cour suprême rend un nouvel arrêt, historique,

1. *Global Gay : Comment la révolution gay change le monde*, Paris, Flammarion, 2013.

dans l'affaire Obergefell v. Hodges. Cette décision de la plus haute cour de justice américaine légalise le mariage gay dans tous les États. Ce mariage entre personnes de même sexe est aujourd'hui possible sur l'ensemble du territoire. Près de 70 % de l'opinion américaine l'a désormais accepté[1]. L'administration Biden, pour éviter tout revirement de la jurisprudence de la Cour suprême, l'inscrira dans la loi en 2022.

À partir du milieu des années 2010, le débat se déplace peu à peu vers la question trans. Il y est toujours alors que j'écris ce livre. C'est que la transidentité devient de plus en plus visible. Après les homosexuels, ce sont les personnes étrangères à leur sexe de naissance qui, profitant du nouveau climat de liberté, sortent du silence et réclament d'être pleinement reconnues. Le mouvement est sensible chez les jeunes, qui ont grandi avec des parents eux-mêmes tolérants à la diversité, marqués par les grands mouvements d'émancipation de la seconde moitié du XXe siècle. En 2021, d'après le Williams Institute, 1,8 % des 13-17 ans s'identifient comme transgenres, contre 0,6 % de la population adulte. Cette soudaine émergence fait apparaître quantités de questions très concrètes. Faut-il autoriser le changement de genre à l'état civil et à quelles conditions ? Les mineurs peuvent-ils être autorisés

1. Étude du Public Religion Research Institute du 3 avril 2025. À noter que le pourcentage d'adhésion est assez différent selon l'orientation politique : 83 % des démocrates y sont favorables, contre 50 % des républicains.

à effectuer une transition médicale et légale ? Faut-il permettre aux femmes trans d'utiliser les toilettes féminines ? Dans quelles prisons les personnes trans doivent-elles être incarcérées ? Les femmes trans peuvent-elles participer aux compétitions sportives féminines ?

Très vite, l'opposition entre l'Amérique progressiste et l'Amérique conservatrice se reforme autour de cette question. Et cette opposition, qui recoupe largement la division entre démocrates et républicains, prend une tournure aussi extrême que les précédentes. Les débats sont virulents et mêlent psychologues, essayistes, militantes féministes et activistes LGBT+, organisations religieuses, politiciens, groupes de parents. Les discussions, douloureuses pour les personnes concernées, se cristallisent autour de deux sujets : la transition des mineurs et la menace que les femmes trans représenteraient pour les femmes. Trop souvent, le débat laisse la place, dans certains médias ultra-conservateurs et sur les réseaux sociaux, à de pures et simples campagnes de désinformation. Elon Musk par exemple n'hésite pas affirmer que les personnes trans seraient plus violentes que la moyenne de la population. Pourtant, le patron de Tesla a une fille, Vivian Jenna Wilson, qui a fait une transition. Le père et la fille, entre lesquels les ponts sont coupés depuis 2020, incarnent les deux visages de cette Amérique à nouveau déchirée.

Comme il l'a été pour la dépénalisation de l'homosexualité et le mariage pour tous, le pays est en effet profondément fracturé. Certes, 62 % des Américains estiment normal que des adultes puissent changer légalement de genre et 53 % acceptent que les questions de genre soient abordées dans les écoles élémentaires. Mais sur l'utilisation des toilettes féminines par les femmes trans, l'opinion est à 50/50. Surtout, 56 % de la population est opposée à l'accès des mineurs aux soins de transition. Et 66 % est hostile à la participation d'athlètes trans aux compétitions féminines[1]. Les Américains favorables aux restrictions relatives aux personnes trans sont généralement républicains. Ceux qui y sont hostiles presque toujours démocrates.

La situation concrète des personnes transgenre, en particulier des mineurs, varie donc sensiblement en fonction de leur lieu de résidence. Qu'elles vivent dans un « *red state* » et elles feront face à de nombreuses limitations. Dans les États démocrates, en revanche, elles bénéficieront d'un cadre légal et de politiques publiques souvent très progressistes. Selon The Movement Advancement Project, vingt États et Washington DC ont une politique positive pour les personnes trans, vingt-huit une politique négative, deux une politique neutre[2].

Si l'ensemble des États américains autorise les adultes à faire une transition médicale, seule la moitié d'entre eux permettent aux mineurs d'y accéder et de bénéficier d'une

1. Étude de Pew Research Center du 26 février 2025.

2. Aux États, il faut ajouter Washington DC qui a une politique positive et les territoires américains dont quatre ont une politique négative (American Samoa, Guam, îles Vierges américaines, Commonwealth of the Northern Mariana Islands) et un une politique neutre (Porto Rico).

prise en charge par le programme Medicaid. Cette moitié de l'Amérique qui soutient les mineurs trans est l'Amérique démocrate des côtes Est et Ouest. C'est aussi le Colorado, le Nouveau-Mexique, l'Arizona, l'Illinois, le Minnesota. Parmi ces États progressistes, seize se sont dotés d'une loi « bouclier » protégeant l'accès des moins de 18 ans aux soins de transition de genre.

Les 25 États qui, à l'inverse, interdisent ces soins aux mineurs sont les États républicains de l'intérieur des États-Unis et du « Vieux Sud ». Six d'entre eux vont jusqu'à criminaliser les professionnels qui enfreignent la loi : Caroline du Sud, Floride, Alabama, Idaho, Dakota du Nord, Oklahoma. En juin 2025, la Cour suprême a donné raison aux États pratiquant une politique de prohibition. Elle a jugé que les États fédérés avaient le droit d'interdire aux mineurs les bloqueurs de puberté, les hormones et les opérations chirurgicales. Elle n'a cependant pas imposé cette interdiction à tout le territoire.

La question du changement d'état civil fait apparaître la même fracture. 8 États refusent toute modification du genre sur l'acte de naissance : Floride, Tennessee, Texas, Oklahoma, Kansas, Montana, Iowa, Indiana. 11 États acceptent ce changement, mais le conditionnent à des opérations chirurgicales. À l'opposé, 25 États autorisent la modification du genre à l'état civil sans exigences excessives. 16 États, parmi eux, proposent même aux intersexes et non-binaires d'indiquer un genre neutre sur leur certificat de naissance. Surtout, 14 autorisent le changement de genre sur simple déclaration administrative, autrement dit l'auto-identification. Ces États très libéraux sur la transition légale sont ceux qui acceptent aussi la transition médicale des mineurs.

Nous observons la même division sur la question des toilettes et sur le sujet du sport. 19 États sur 50, ont pris des lois pour interdire aux personnes trans d'utiliser les toilettes correspondant au genre auquel elles s'identifient. Dans la trentaine d'autres, elles y sont autorisées. S'agissant du sport, le nombre d'États adeptes des lois d'interdiction est plus important. 29 d'entre eux interdisent aux femmes trans de participer aux activités sportives féminines, contre 21 qui les autorisent. C'est une fois encore l'Amérique bleue contre l'Amérique rouge.

Si la bataille culturelle se focalise sur la question trans, elle continue aussi de porter sur la visibilité des problématiques LGBT+, notamment auprès des jeunes. 19 États disposent au moins d'une loi instaurant la censure des contenus LGBT+ dans les écoles. Il s'agit souvent d'expurger les programmes de toute référence à la diversité sexuelle et de genre. Ou de bannir des bibliothèques scolaires les livres qui abordent cette question. En Floride, plus de 4 500 titres ont été mis à l'index, au Texas plus de 530. Une censure d'un niveau inégalé depuis de nombreuses années. Sur le podium des livres frappés d'interdiction : *Gender Queer* de Maia Kobabe, un roman graphique dans lequel l'auteur·rice, qui se définit comme non binaire et asexuel·le, retrace son parcours. Le « modèle » de ces lois « bâillon » a été fournie par la Don't Say Gay Law adoptée en Floride en 2022. Tous les observateurs soulignent l'imprécision de ces législations, et la marge laissée à leur interprétation. Ce flou a un effet paralysant sur les enseignants, qui n'osent plus aborder ces sujets.

28 États américains autorisent par ailleurs les professionnels à s'exempter du respect d'une loi si celle-ci est contraire à leurs croyances religieuses. Cela permet à des administrateurs de sites web annonçant les mariages de refuser l'annonce d'unions entre personnes de même sexe. Et même à des restaurateurs de ne pas servir des couples gay. Sur la base de la « conscience » ou de la « liberté religieuse », c'est ainsi un permis de désobéir aux lois antidiscrimination qui est donné aux citoyens dans les États les plus conservateurs.

La réélection de Donald Trump en 2024 n'a pas modifié la bipartition du pays sur la question LGBT+. Dans les États démocrates, les citoyens américains continuent, même amputés de certains droits fédéraux, de jouir d'une législation libérale. Le caractère fédéral de l'État est un filet de sécurité. Il les protège. Si les personnes trans ne peuvent plus mentionner leur nouvelle identité sur leur passeport, elles le peuvent toujours sur leur acte de naissance et leur permis de conduire, qui sont délivrés par les États fédérés. Elles continuent aussi d'avoir accès aux soins d'affirmation de genre, même si les financements fédéraux sont suspendus pour les mineurs. Elles peuvent également bénéficier des aménagements d'espaces publics et des programmes antidiscrimination prévus par leur État.

Mais la guerre culturelle s'est durcie. La nouveauté est que la question de la diversité sexuelle et de genre a été massivement instrumentalisée durant une campagne électorale, celle de 2024. Pendant plusieurs semaines, Donald Trump n'a cessé de brocarder le « wokisme » et le « délire transgenre » de son adversaire. Selon les estimations de la presse, 41 % de ses publicités de campagne du 7 au 20 octobre, sur un total de 95 millions de dollars dépensés, étaient principalement antitrans, soit plus que sur l'économie, le logement ou l'immigration[1]. La vidéo se concluant par « Trump vous défend, Harris défend iels » a été l'une des plus vues de la campagne. Une fois élu, fait lui aussi sans précédent dans l'histoire des États-Unis, le nouveau président a décidé de faire de l'hostilité aux politiques pro-LGBT+ un marqueur politique. Pour la première fois, une administration fédérale a entrepris de retirer des droits aux minorités sexuelles et de genre. Pour la première fois, elle a érigé en priorité la restauration de la « vérité biologique » et le combat contre la supposée idéologie LGBT+.

Il en résulte des complications humiliantes, des vexations, voire de véritables drames pour les personnes dont les droits sont remis en cause. Femmes trans chassées de l'armée. Personnes obligées de voyager à l'international avec un passeport mentionnant leur sexe d'origine. Citoyens ayant des difficultés à exercer leur droit de vote en l'absence de tout document correspondant à leur expression de genre. Adolescents soudainement contraints de trouver

---

1. Voir article de Flora Bolter, https://www.jean-jaures.org/publication/a-revolution-of-common-sense-sexe-genre-et-evidence-dans-les-etats-unis-de-trump/

un financement pour leurs bloqueurs de puberté ou leur traitement hormonal. Il en résulte aussi un climat général de peur. Un sentiment anti-trans remplit l'atmosphère et infuse dans de nombreuses parties de la société. Le Pew Research Center révèle que, depuis l'élection de Donald Trump fin 2024, le soutien de l'opinion à une politique libérale vis-à-vis des personnes trans régresse chez tous les électeurs, quel que soit le parti pour lequel ils votent[1]. Si les électeurs démocrates y restent majoritairement favorables, ils sont cependant moins nombreux qu'avant les élections. Tout se passe comme si, sous l'influence des discours de campagne et des premiers actes de la nouvelle administration, le niveau global de tolérance à la diversité sexuelle et de genre avait baissé. Dans ce contexte, les LGBT+ américains s'attendent à de nouvelles offensives dans les États fédérés les plus hostiles à leurs droits. Sur la transition légale et médicale des adultes. Sur la liberté d'expression relative aux questions d'orientation sexuelle et d'identité de genre. Voire, sur le mariage pour tous[2].

Le retour de Donald Trump à la Maison Blanche a donc renforcé l'Amérique conservatrice. Il l'a mise aux commandes du pays. Il ne lui a cependant pas offert une victoire finale. L'Amérique progressiste continue d'exister. Elle

---

1. Étude du 26 février 2025.

2. L'inquiétude est montée en juin 2025 quand, pour la première fois, la Cour suprême a été appelée à se prononcer sur le sujet, suite à la plainte d'une ancienne greffière du Kentucky condamnée dix ans plus tôt pour s'être opposée au mariage gay.

dispose d'au moins trois cordes de rappel, qui n'existent pas dans des régimes autoritaires comme la Russie, avec lesquels il est incongru de comparer les États-Unis. La première corde de rappel est la structure fédérale de l'État : qui juge ses droits insuffisants dans un État peut déménager dans un autre, plus libéral. La seconde est la puissance du système judiciaire : la plupart des mesures annoncées par Donald Trump sont contestées devant les tribunaux. Elles ne seront validées qu'à la condition d'être jugées conformes à la Constitution, bouclier des libertés individuelles. La décision de la Cour suprême du 27 juin 2025 risque cependant de compliquer la tâche des juges : la plus haute juridiction des États-Unis a en effet décidé de limiter leur pouvoir consistant à bloquer à l'échelle nationale les décisions de l'exécutif qu'ils considèrent comme illégales. Ce blocage des actes de l'administration ne devrait dorénavant bénéficier qu'aux personnes qui ont porté plainte. La troisième corde de rappel est l'existence d'élections libres. Tout peut être renversé, l'Amérique nous y a habitués, à l'occasion de scrutins électoraux. Les activistes LGBT+ y comptent bien et se projettent d'ores et déjà sur les prochaines échéances de 2026.

Renforcement du camp conservateur, mais victoire relative : c'est aussi ce que nous voyons à l'international. Le retour de Donald Trump à la Maison Blanche enlève un soutien important à la cause LGBT+ dans le monde. Washington s'est retiré de la « Coalition pour des droits égaux », 44 pays engagés sur la question LGBT+, dont la France fait partie. Il ne soutient plus les droits dans les organisations internationales ou auprès des États qui les violent massivement. Les pressions de l'administration Biden sur l'Ouganda avaient joué un rôle dans le moratoire de fait sur la loi anti-LGBT+ de 2023. Qu'adviendra-t-il dans ce pays et dans bien d'autres maintenant que cette pression disparaît ? La nouvelle administration a aussi supprimé son aide aux ONG progressistes et devrait au contraire accroître son soutien aux organisations défendant les valeurs traditionnelles. Les secondes reçoivent déjà beaucoup plus de financements que les premières, 3,7 milliards de dollars contre 1,2 milliard entre 2013 et 2017[1]. Ce déséquilibre risque de s'accroître. Quant au gel de l'aide au développement, elle pourrait avoir des effets tragiques sur la lutte contre le sida et empêcher de sauver des centaines de milliers de vie dans le monde[2]. Enfin, le retour au pouvoir de Donald Trump permet à certains dirigeants, comme Erdoğan, Orbán ou Milei, de dérouler de façon décomplexée leur agenda anti-LGBT+, en particulier contre les personnes trans. Il renforce dans plusieurs pays la vague conservatrice qui accompagne les mouvements nationalistes ou illibéraux.

---

1. Global Philanthropy Project 2021, « Meet the Moment : A Call for Progressive Philanthropic Response to the Anti-Gender Movement », p. 13.

2. Selon une étude de la revue médicale *The Lancet*, les coupes américaines dans l'aide internationale risquent « d'interrompre, voire d'inverser, deux décennies de progrès pour la santé des populations vulnérables ». Elles pourraient causer plus de 14 millions de morts d'ici à 2030 du fait de l'arrêt des financements dévolus à la lutte contre le VIH et le paludisme.

Mais, encore une fois, le positionnement anti-droits de l'administration américaine produit également l'effet opposé. Dans de nombreux pays, l'Amérique MAGA n'est pas un modèle que l'on souhaite imiter. Pour beaucoup d'opinions publiques, elle joue un rôle de repoussoir. Rien n'indique que les pays européens ou les États d'Amérique latine vont tourner le dos aux droits LGBT+. Rien ne laisse présager que les pays d'Asie engagés sur la voie du progrès y mettront un terme. Nous n'assistons pas, je le crois, au triomphe d'un camp sur l'autre, mais à une exacerbation de la bataille mondiale autour des valeurs. L'Europe, dans ce contexte, a une responsabilité particulière. C'est elle, jusqu'au prochain mouvement de balancier à Washington, qui porte désormais le flambeau des valeurs progressistes et libérales.

Ce constat d'une victoire très relative, voire limitée, de la contre-révolution conservatrice s'impose à moi comme une évidence, en mars 2025, lorsque je réunis au Quai d'Orsay les grands groupes français implantés à l'international. Après les injonctions de Washington contre les politiques de Diversité, Équité et Inclusion, je souhaitais savoir quelle serait l'attitude de ces multinationales. Et surtout leur relayer le message du gouvernement que l'égalité femmes-hommes, l'inclusion des personnes handicapées et la lutte contre les discriminations anti-LGBT+ n'étaient pas une question d'idéologie, mais une obligation légale.

Autour de la table : LVMH, Kering, Total, Orange, AXA, Sanofi, Société générale, BNP, Accor et quelques autres. Le message de ces grandes entreprises est assez clair :

elles n'ont pas l'intention de renoncer à leur politique de DEI dans les différents pays où elles sont présentes. La diversité et l'inclusion font partie de leur marque. Elles contribuent à leur cohésion interne, à leur performance, à leur compétitivité. Sans doute les entreprises installées sur le sol américain feront-elles moins de communication sur ce sujet, mais elles ne renieront pas leur engagement. Au demeurant, elles sont moins exposées que les entreprises américaines aux foudres de la nouvelle administration. Par leur culture « française », elles ne pratiquent pas, sauf exception, la discrimination positive. Elles ne promeuvent que les quotas prescrits par la loi. Elles leur préfèrent des « objectifs » qui ne sont pas forcément rendus publics et encouragent une inclusion non communautariste. Elles me le répètent, la diversité fait partie de leur ADN et il n'est pas question de l'abjurer.

J'y vois la confirmation que le conservatisme n'est pas du goût des milieux économiques. L'économie libérale, en tout cas aujourd'hui, marche main dans la main avec le libéralisme moral. La société de marché aime la diversité. Elle en a besoin pour prospérer. Elle promeut, comme le montre Gilles Lipovetsky, un mode de vie fondé sur la « jouissance », l'« authenticité », « l'affirmation de soi », « le droit de vivre au présent, ici et maintenant[1] ». Elle se déploie d'autant mieux que le droit d'être soi n'est pas réservé à une catégorie de la population, mais bénéficie à tous les individus, dans la diversité de leurs caractères,

1. Gilles Lipovetsky, *Le Sacre de l'authenticité*, Gallimard, 2021.

de leurs origines, de leurs orientations sexuelles, de leur identité de genre. La détermination de ces représentants des fleurons économiques français me rassure. Non, l'économie libre n'aime pas ces sociétés dans lesquelles l'individu est soumis au carcan de la tradition et écrasé par le collectif. Oui, en se développant, elle fait reculer la société conformiste et homogène. Le mouvement, inhérent au projet moderne d'autonomie, est puissant. La contre-révolution conservatrice aura bien du mal à l'arrêter. Mais l'issue de la bataille n'est pas écrite. Elle dépendra de la capacité de la société civile à se mobiliser. Son réveil est indispensable.

L'Europe gay-friendly

Budapest. Juillet 2023. Je participe à la Marche des Fiertés. À mes côtés, en tête du cortège diplomatique : David Pressman. C'est l'une des bêtes noires du gouvernement de Viktor Orbán. L'ambassadeur des États-Unis en Hongrie, nommé par Joe Biden, est sur place le plus puissant soutien du mouvement LGBT+. Ouvertement gay, il vit dans la capitale magyar avec son mari et ses enfants. Il rencontre régulièrement les activistes pro-LGBT+ et les encourage dans leur bras de fer avec les autorités. Il soutient la première de leurs revendications : l'abrogation de la loi de juin 2021. Cette loi interdit de parler aux mineurs des questions LGBT+. Elle organise la censure à l'école, mais aussi dans les médias et dans tous les secteurs de la culture. Au prétexte de lutter contre la « propagande LGBT+ », elle cherche à invisibiliser les personnes gay, lesbiennes ou trans. À les effacer de l'espace public. Comme si elles n'existaient pas. Imaginons un instant qu'une loi interdise de mentionner aux enfants l'existence d'autres identités minoritaires, comme celles des Juifs ou des Roms !

En ce mois de juillet 2023, le retrait de cette loi inique est la première préoccupation des 35 000 personnes qui participent à la Pride de Budapest. Elles ne marchent pas pour une idéologie. Elles réclament le simple droit d'exister. Beaucoup de manifestants ne font d'ailleurs pas partie de la communauté LGBT+. Ils en sont des amis ou des sympathisants. Simples citoyens attachés aux libertés, ils sont inquiets des attaques répétées contre l'État de droit. La question LGBT+ est pour eux un marqueur des dérives du régime Orbán. Célébrer les couleurs de l'arc-en-ciel, c'est d'abord protester contre la société grise que le pouvoir cherche à leur imposer.

Dans une atmosphère caniculaire, le défilé s'étend sur plusieurs kilomètres au centre de la capitale. Malgré la chaleur, l'ambiance est festive et bon enfant. Ma présence aux côtés des manifestants pacifiques est assez naturelle. La loi est contraire aux traités fondateurs de l'Union européenne. Notre droit européen protège en effet la liberté d'expression et prohibe toute discrimination sur la base du genre ou de l'orientation sexuelle. Avec d'autres États membres, la France a donc appelé la Commission de Bruxelles à engager une procédure en manquement devant la Cour de justice de l'Union européenne. On ne peut pas, sans renoncer à nos valeurs fondamentales, laisser ce genre de pratiques prospérer dans l'Union. L'Europe, qui s'est construite en réaction aux guerres et aux totalitarismes du XXe siècle, a pour fondement le respect de la dignité humaine, le refus de toute forme de discrimination et d'intolérance. C'est l'héritage transmis par les pères fondateurs de l'Europe et il n'est pas question de le laisser piétiner.

Au moment où nous marchons dans les rues de Budapest, la Russie poursuit, non loin de là, sa guerre barbare contre l'Ukraine. C'est l'autre toile de fond du défilé. Car la loi anti-LGBT+ contre laquelle nous manifestons est en réalité un pur produit d'exportation russe. Copiée-collée d'une loi adoptée en 2013 par la Douma, elle est l'un des symboles de l'alignement hongrois sur le Kremlin. Tous ceux qui manifestent dans Budapest ce jour-là le savent : la Russie a lancé une bataille culturelle contre les LGBT+ et cette bataille fait partie de sa guerre hybride contre l'Europe. L'offensive anti-LGBT+ et l'agression de l'Ukraine participent d'une même attaque tous azimuts contre le monde libre. Reprendre sur le sol européen, comme le fait le gouvernement hongrois, le narratif et les outils législatifs anti-LGBT+ de la Russie, c'est aussi se rendre complice de la guerre que le Kremlin nous a déclarée. C'est donner un coup de poignard dans le dos à l'Europe. C'est préférer, au modèle européen de démocratie et de liberté individuelle, l'antimodèle russe du despotisme, de la servitude volontaire et du mépris pour la vie humaine.

Ce n'est pas mon premier voyage en Hongrie. Mes premiers contacts remontent au temps de la guerre froide. Mon beau-père, originaire de Voïvodine, nous y avait emmenés alors que le pays était encore derrière le rideau de fer. C'était une aventure extraordinaire. Après la chute du Mur, j'y étais retourné de nombreuses fois, toujours avec le même sentiment d'émerveillement. J'ai connu cette Hongrie où, entre 1989 et le virage conservateur de 2010, soufflait un grand vent de liberté. Le pays réinventait la démocratie, soldait les comptes du totalitarisme soviétique, renouait avec l'Europe. « L'Occident kidnappé », décrit par Kundera, revenait dans sa géographie. Les libertés sexuelles, le droit absolu de disposer de son corps, faisaient partie de ce grand mouvement de libération. Dès 1996, les couples de même sexe étaient reconnus. En 2009, ils recevaient le droit de s'enregistrer à l'état civil. Dans la foulée, de nouvelles lois bannissaient les discriminations, d'abord dans le travail, ensuite dans tous les domaines de la société.

Si le retour au pouvoir de Viktor Orbán en 2010 marque le coup d'arrêt de cette trajectoire libérale, je suis persuadé que les Hongrois restent attachés aux libertés. Un sondage réalisé quelques semaines avant cette Marche des Fiertés de 2023 ne montre-t-il pas que 56 % des habitants de la Hongrie sont favorables au mariage pour tous ? Ma conviction, issue de ma longue fréquentation de ce pays, est que le conservatisme lui est en grande partie imposé. Il tient par le contrôle des médias et la manipulation de l'information. À force de rebattre les oreilles des Hongrois que les actions de prévention de l'homophobie dans les écoles sont le paravent d'une insidieuse propagande en faveur de l'idéologie LGBT+, nombre d'entre eux finissent par le croire. Le mensonge, répété *ad nauseam*, que les personnes LGBT+ menacent les enfants finit par corrompre les esprits les plus crédules.

Si la Hongrie est importante, c'est parce qu'elle représente une forme d'exception dans une Union européenne très gay-friendly. Ce n'est certes pas le seul pays européen où nous observons un recul pour les personnes LGBT+. Mais c'est le seul qui revendique ouvertement, au nom de la démocratie illibérale, une posture d'opposition à leurs droits. Car l'Europe, si l'on veut bien prendre une vue d'ensemble, est avec les grands pays d'Amérique latine l'un des espaces les plus accueillants de la planète pour les personnes LGBT+. Des Pays-Bas à l'Espagne en passant par la Finlande ou Malte, on y trouve les lois les plus progressistes. Surtout, aucun continent n'affiche des opinions aussi favorables à la diversité sexuelle et de genre. Il est capital que l'Europe reste ce havre de tolérance LGBT+ et s'oppose aux tentatives de régression.

Sur ce sujet comme sur bien d'autres, l'Europe revient de loin. Terre d'élection du christianisme et berceau de l'État moderne, elle a été pendant des siècles l'un des pires espaces de répression anti-LGBT+. Entre la chute de Rome et l'époque contemporaine, des États de plus en plus normatifs et des Églises toujours plus puritaines ont rivalisé d'imagination pour châtier le crime de sodomie et le lesbianisme : pénitence, confiscation des biens, castration, démembrement, brûlure, défroquage, exil, peine de mort… Dans le royaume de France, les exécutions capitales étaient rares. Les dernières personnes à en faire les frais furent brûlées en place de Grève à Paris le 3 janvier 1750. Bruno Lenoir et Jean Diot avaient été surpris en plein ébat rue Montorgueil. Ils avaient sans doute la malchance d'être de simples roturiers. La Couronne britannique fut plus sévère et plus systématique. Elle resta plus longtemps répressive que la France. Jusqu'au milieu du XXe siècle, elle appliqua sans sourciller sa loi de 1533 sur la « bougrerie ». Elle ne renonça à la peine de mort pour sodomie qu'en 1861. Fin XIXe siècle, sa justice envoya Oscar Wilde aux travaux forcés. Quelques décennies plus tard, elle n'hésita pas à contraindre à la castration chimique et au suicide le génial Alan Turing, ce héros qui en pleine guerre avait déchiffré le code des nazis.

Les totalitarismes du XXe siècle portèrent à incandescence cette persécution et mirent en place une homophobie d'État radicale. Avec eux apparaît l'idée, qui aura une longue descendance, que les homosexuels sont le symbole de la décadence de l'Occident démocratique et libéral. Qu'il faut en nettoyer la société, car ils s'opposent à la régénération de l'Humanité, à l'avènement de l'Homme nouveau. Pendant le régime nazi, entre 5 000 et 15 000 homosexuels auraient été internés dans les camps de concentration où ils devaient généralement porter l'infamant « triangle rose[1] ». Dans l'Union soviétique de Staline,

1. Chiffres du United States Holocaust Memorial Museum.

au moins 1 000 personnes auraient été arrêtées chaque année, avant le plus souvent de finir au goulag[1].

Surtout, l'Europe a contribué, à travers son expansion coloniale, à exporter l'interdit de l'homosexualité dans l'ensemble du monde. L'Espagne, le Portugal, la France, l'Angleterre, les Pays-Bas, la Belgique, l'Allemagne ont diffusé dans leurs colonies, souvent secondés par les missionnaires chrétiens, l'idée que l'homosexualité était une pratique déviante et immorale. Les sociétés indigènes étaient jusque-là relativement indifférentes à la diversité sexuelle. L'introduction de ces normes culturelles a dans bien des cas transformé leur attitude. Au-delà des normes culturelles, les puissances européennes ont imposé sur tous les continents leurs lois criminalisant les relations homosexuelles et l'arsenal de sanctions qui les accompagne. Ces lois sont souvent restées en vigueur après la fin de la colonisation, concourant à la stigmatisation durable des minorités sexuelles. C'est particulièrement le cas dans le périmètre de l'Empire britannique. L'article 377 du code pénal indien, qui punit jusqu'à une peine de prison à vie « le rapport charnel contre l'ordre de la nature », a été reproduit dans la plupart des colonies anglaises. Sans surprise, les pays du Commonwealth sont aujourd'hui surreprésentés dans les États qui criminalisent l'homosexualité.

1. Dan Healey, *Russian Homophobia from Stalin to Sochi*, London-New York Bloomsbury Academic, 2017.

Mais si l'Europe a enfanté des monstres, selon la formule de Pascal Bruckner, elle a aussi inventé le remède pour en venir à bout. Si elle a commis plus souvent qu'à son tour des atrocités, elle est le continent qui, en découvrant la valeur absolue de l'individu – avec elle la raison critique, la démocratie, les droits de l'Homme, la libre économie –, a découvert l'antidote à la barbarie. C'est dans l'Europe du XVIIIe siècle, où se diffuse l'esprit d'examen, qu'est née avec Beccaria et Bentham la protestation intellectuelle contre la pénalisation de l'homosexualité. Pour la première fois, on raisonne librement sur la question homosexuelle, en mettant à l'écart les préjugés, et on démontre l'inanité d'un crime sans victime. C'est en Europe, dans la France de 1791 en pleine effervescence révolutionnaire, qu'intervient la première abrogation du crime de sodomie. Elle sera confirmée par Napoléon, cet empereur héritier de l'esprit des Lumières et de la tradition libertine, qui se moquait de la sexualité des Français. « Nous ne sommes pas un pays où les tribunaux doivent s'occuper de ces délits », écrivait-il en 1804 pour justifier l'absence du crime de sodomie dans le code civil[1], cet immense chantier auquel travailla l'archichancelier Cambacérès, numéro deux de l'empire et grand collectionneur d'amours masculines.

1. La suppression de crime de sodomie n'a cependant pas empêché les autorités de réprimer l'homosexualité sur la base notamment des lois relatives aux « bonnes mœurs ».

C'est dans cette Europe influencée par les philosophes et la Révolution qu'infusèrent lentement ces idées libérales et que prit racine le mouvement de dépénalisation qui devait ensuite gagner l'ensemble de la planète. Le mouvement fut long et inégal, contrarié par la survivance des pouvoirs d'Ancien Régime et les réactions totalitaires à la modernité libérale. Mais il fut conforté par l'élévation constante du niveau de vie comme par les progrès, pénibles et saccadés, de la démocratie et de la sécularisation. Ce mouvement de décriminalisation prit plus de deux cents ans pour s'achever sur l'ensemble du territoire européen. Le Luxembourg, les cantons francophones de Suisse, Andorre et Monaco suivirent la France dès la fin du XVIIIe siècle. L'Italie emboîta le pas de ces francs-tireurs en 1890, peu de temps après avoir réalisé son unité. Entre 1930 et 1950, c'est le tour de la Suisse, de la Belgique, des Pays-Bas, de la Pologne, du Danemark, de l'Islande, de la Suède de la Grèce.

Des années 1960 jusqu'à la chute du mur de Berlin, ce sont des pays d'Europe occidentale qui dépénalisent, comme l'Allemagne fédérale, le Royaume-Uni, l'Autriche, la Finlande, la Norvège, Malte, l'Espagne et le Portugal. Mais ce sont aussi quelques États pionniers du bloc communiste comme la RDA, la Hongrie, la Tchécoslovaquie, la Bulgarie, et certaines nations de la Yougoslavie comme la Croatie, la Slovénie, le Monténégro. La dernière vague de dépénalisation interviendra après 1989. Elle concernera surtout des pays de l'est du continent : Albanie, Serbie, Macédoine, Bosnie-Herzégovine, Estonie, Lettonie,

Lituanie, Roumanie, Moldavie, Ukraine, Arménie, Géorgie, Azerbaïdjan. Mais ce seront aussi des pays d'Europe dite « occidentale » où le poids de la religion est resté puissant, comme Chypre et l'Irlande.

Aujourd'hui, l'Europe est le seul continent qui dans sa totalité a dépénalisé l'homosexualité. Je mets à part la Russie, aussi asiatique qu'européenne par sa géographie, et qui a décidé de tourner le dos à l'Europe démocratique. Le vieux continent a fait plus que dépénaliser. Il a opéré un renversement historique. Ce ne sont plus les homosexuels qui y sont hors-la-loi, mais ceux qui les persécutent. Dans la grande majorité des pays, le droit sanctionne les discriminations fondées sur l'orientation sexuelle, surtout dans le travail, mais aussi dans l'accès aux services, l'éducation, la santé. Rares sont les États – Arménie, Biélorussie, Azerbaïdjan – à n'offrir aucune protection légale. Plus de trente pays sur la quarantaine que compte le continent européen disposent au contraire d'une protection complète couvrant la plupart des secteurs d'activités. C'est le cas des pays de l'Union européenne, à l'exception de l'Italie, de la Pologne, de Chypre et de la Lettonie. Certains États sont allés plus loin pour protéger les personnes LGBT+ : les Pays-Bas, Malte, le Portugal, la Suède ont modifié leur constitution pour y inscrire l'impossibilité de discriminer. Une manière de se prémunir contre de possibles remises en cause.

Trente-quatre États européens disposent aussi de lois sur les crimes et les discours de haine à caractère homophobe. Ces actes y sont passibles de peines aggravées. En France, par exemple, si un meurtre est commis en raison de l'orientation sexuelle de la victime, le coupable voit sa peine portée de quinze à vingt ans de réclusion. Seuls six pays de l'Union européenne n'ont pas encore reconnu ce type de circonstances aggravantes, qui est devenu un standard de droits humains sur le continent.

Comme dans les Amériques, un mouvement a été lancé à partir de 2020 pour bannir les « thérapies de conversion ». Onze pays ont interdit ces pratiques d'un autre âge, souvent associées au fondamentalisme religieux, qui prétendent « soigner » l'homosexualité ou la transidentité. Ce sont l'Albanie, l'Allemagne, la Belgique, Chypre, l'Espagne, la France, la Grèce, l'Islande, Malte, la Norvège et le Portugal. Le mouvement d'interdiction devrait continuer, car la dynamique est dorénavant enclenchée et, à l'initiative de la France, la Commission européenne en a fait une priorité.

Le progrès LGBT+, ce sont des lois, mais aussi des politiques publiques. Dans trente-six pays, l'architecture gouvernementale et administrative comporte un organisme chargé de suivre la question LGBT+, le plus souvent avec d'autres enjeux, comme l'égalité femmes-hommes, la lutte contre les discriminations, ou tout simplement les droits humains. Lors de mes missions à l'étranger, je rencontre très fréquemment leurs responsables. Je le fais par exemple en Pologne, Slovaquie, Kosovo, Géorgie. En France, c'est la DILCRAH qui est en charge de la lutte contre les LGBTphobies, en plus du combat contre le racisme et l'antisémitisme. Le mérite de ce type d'organisme est de fournir un interlocuteur au mouvement LGBT+, de donner des impulsions et une coordination aux politiques nationales. J'en fais la promotion dans les pays où il n'existe pas encore. Dans l'Union européenne, des pays comme l'Irlande, l'Espagne, l'Italie, la Hongrie, la Roumanie ne s'en sont pas encore dotés. Cela n'empêche pas l'Espagne et l'Irlande d'avoir des politiques très progressistes.

Ce sont souvent ces organismes qui élaborent, lorsqu'elle existe, la stratégie nationale de lutte contre les discriminations et les violences anti-LGBT+. Treize États européens disposent d'un tel plan. Ce sont les pays les plus libéraux, mais aussi la Bosnie-Herzégovine. En France, nous avons un plan pluriannuel, négocié avec le mouvement associatif. Il est composé d'une bonne centaine d'objectifs, les uns appelant des mesures administratives ou législatives, les autres un soutien financier. Se doter d'une telle stratégie, c'est aussi une de mes recommandations aux autorités des pays avec lesquels je développe un dialogue.

La révolution LGBT+ en Europe, ce n'est pas seulement « protéger » ce qu'autrefois on réprimait. C'est aussi « reconnaître ». Passer de l'indifférence au respect.

Du mépris à l'estime. Manifestation la plus évidente de cette reconnaissance : le mariage et la parentalité. Avec le mariage pour tous, les homosexuels ne sont plus seulement regardés comme des individus qui doivent être protégés par la société. Il est admis qu'ils peuvent contribuer à la société en faisant famille. Ce que notre pays fait pour nous est une chose, ce que nous faisons pour notre pays une autre. Rien n'égale la satisfaction de voir reconnue sa contribution au bien commun. La vraie fierté n'est pas d'être soi, applaudi dans son identité particulière, mais de faire grandir la société. C'est cette forme d'accomplissement que rendent aussi possible le mariage et la possibilité d'élever des enfants. Le mariage égalitaire est une réalité dans vingt-deux pays d'Europe, pour la plupart situés à l'ouest du continent. Parmi ces pays, seize sont des États membres de l'Union européenne[1]. Comme la dépénalisation, le mariage pour tous est une invention de l'Europe et c'est sur le continent européen qu'il est le plus répandu[2]. L'homoparentalité l'accompagne : dans les vingt-deux pays qui ont adopté le mariage pour

1. Voir le chapitre sur le mariage pour tous. Les 16 pays de l'UE ayant ouvert le mariage aux couples homosexuels sont, dans l'ordre chronologique : Pays-Bas, Belgique, Espagne, Suède, Portugal, Danemark, France, Luxembourg, Irlande, Finlande, Malte, Allemagne, Autriche, Slovénie, Estonie, Grèce. Hors UE, il s'agit de la Suisse, du Royaume-Uni, de la Norvège, de l'Islande, d'Andorre et du Liechtenstein.

2. Sur les 38 pays reconnaissant le mariage de personnes de même sexe dans le monde, 22 sont européens.

tous, les époux peuvent être parents, avec des régimes juridiques variables. L'homoparentalité est également permise en Croatie, même si ce pays ne dispose que de l'union civile.

Le partenariat civil est une autre forme de protection légale pour les couples, mais dépourvue de la reconnaissance symbolique du mariage. Il est proposé dans 9 pays, dont 6 de l'UE[1]. Cela veut dire que 31 des 50 États qui, dans le monde, proposent une protection juridique aux couples de même sexe, se trouvent en Europe. Leur nombre devrait continuer à augmenter. Je crois probables des évolutions dans les pays Baltes et les Balkans, dans le groupe de Visegrád, en Ukraine et à Chypre. Au sein de l'Union européenne, les pays n'ayant ni mariage ni union civile sont minoritaires : 5 pour 27. La norme est dorénavant du côté de la protection légale des couples homosexuels.

Dans cet espace européen, les situations restent bien sûr contrastées. Si la division entre un Nord progressiste et un Sud plus conservateur a disparu, les différences Est-Ouest demeurent, aussi bien dans la loi que dans les esprits. Mais ces différences s'amenuisent, comme le montrent les évolutions spectaculaires de la Slovénie, de l'Estonie, ou encore

1. Voir le chapitre sur le mariage pour tous. Les pays de l'UE ne proposant qu'une forme d'union civile aux personnes de même sexe sont l'Italie, la Croatie, la Hongrie, la République tchèque, Chypre, la Lettonie. Hors UE, il s'agit du Monténégro, de Saint-Marin et Monaco.

de la Grèce, qui ont ouvert le mariage. Au fond, le rattrapage économique et démocratique efface peu à peu les disparités d'approche de la question LGBT+ en Europe. Raison supplémentaire d'espérer : toutes les études montrent que la tolérance est plus élevée dans les nouvelles générations que dans les anciennes[1].

L'Europe est au final l'espace le plus protecteur au monde pour les LGBT+. Celui où il vaut mieux vivre quand on appartient à une minorité sexuelle. Sur le continent américain, les opinions et le cadre légal sont certes proches de ceux des Européens, mais les personnes LGBT+ sont exposées à plus de violences. Aux États-Unis, entre 20 et 25 % d'entre elles auraient déjà subi des agressions physiques. Au Brésil et au Mexique, elles seraient entre 30 et 40 %. Dans l'Union européenne, la proportion est bien moindre. Elle s'établit entre 10 et 15 %[2]. C'est évidemment beaucoup trop. Mais c'est beaucoup moins qu'outre-Atlantique. Ces mêmes différences entre l'Europe et l'Amérique s'observent sur la question des discriminations, du harcèlement, ou encore des discours de haine.

Les sociétés américaines sont aussi plus polarisées. Selon le Pew Research Center, 86 % des Américains s'identifiant de « gauche » estimaient en 2020 que l'homosexualité devait être acceptée alors que seulement 53 % des

---

1. Voir Ipsos, « LGBT+, rien n'est acquis » sondage du 17 juin 2023.

2. Données de l'Agence des droits fondamentaux.

Américains de « droite » avaient la même opinion. Le différentiel est de 33 points. C'est considérable. En Europe, l'écart est bien plus réduit. Au moment où l'étude a été réalisée, il était de 16 % en Espagne, 14 % au Royaume-Uni, 11 % en Allemagne. Les Européens se disputent moins sur la question LGBT+, notamment pendant les élections. Le consensus sur le sujet des libertés sexuelles y est plus large. C'est une bonne chose. Car la polarisation politique est dangereuse. Elle fait des personnes LGBT+ les victimes de batailles idéologiques qui les dépassent. Elle fait planer une épée de Damoclès sur leurs droits, qui peuvent être contestés en cas d'alternance. En hystérisant les débats, la polarisation peut aussi encourager les passages à l'acte.

L'Europe a également vu progresser, dans la période récente, les droits des personnes trans et non-binaires, même si ces dernières restent confrontées à des défis redoutables. Dans la plupart des pays, les autorités permettent le changement de genre à l'état civil. Seuls font exception dans l'Union européenne la Bulgarie et la Hongrie, sur le reste du continent l'Albanie, l'Azerbaïdjan, la Géorgie. Mais partout ailleurs, dans la quasi-totalité de l'espace européen, il est désormais possible de changer son prénom et son indicateur de genre sur les documents officiels.

Au cours des dernières années, les procédures qui permettent ainsi de « transitionner » ont été facilitées. Une trentaine de pays ont cessé au cours des dernières années de demander aux personnes trans d'effectuer des opérations chirurgicales. C'est une avancée importante. Une quinzaine d'États, situés dans la partie occidentale de l'Europe, sont allés plus loin dans la dépathologisation. Ils ont supprimé toute condition médicale à la transition. Ils n'exigent plus, en particulier, la présentation par un médecin d'un diagnostic ou d'un certificat. Onze États, parmi eux, permettent ce qu'on appelle l'auto-identification, c'est-à-dire le changement de genre à l'état civil sur simple déclaration administrative[1].

Sur ce sujet de la reconnaissance légale de la transition, l'Europe est au milieu du gué. Si l'on observe d'incontestables progrès, notamment dans les grands pays d'Europe de l'Ouest, la reconnaissance officielle de la transidentité reste difficile, souvent humiliante dans une douzaine de pays. Un nombre significatif d'États conditionnent encore la procédure de transition à un divorce préalable. Quelques-uns, comme la Slovaquie, continuent d'exiger une stérilisation. En Pologne, m'explique le vice-ministre de la Justice Krzysztof Śmiszek que je rencontre en 2024 à Varsovie, les personnes voulant transitionner doivent intenter un procès à leurs parents devant un tribunal. Même adultes avec des parents très âgés, elles doivent en passer par cette terrible épreuve. Fort heureusement, au moment où j'écris ces lignes, début 2025, la Cour suprême polonaise a décidé d'abolir cette pratique dégradante.

Les avancées sont plus notables concernant la protection des personnes trans contre les discriminations et les

1. Voir le chapitre sur la transidentité.

violences. Les États dotés d'une législation contre l'homophobie ont souvent étendu cette dernière à la transphobie au cours des quinze dernières années. Environ trente-cinq pays protègent aujourd'hui leurs citoyens contre les discriminations à l'identité de genre dans le travail et l'éducation. Dans une vingtaine d'États, des lois punissent également de peines aggravées les crimes et les délits commis sur cette base. Les opinions de la plupart des pays d'Europe sont au diapason de ces progrès législatifs. Même si la transphobie continue d'exister, les Européens estiment, dans leur très grande majorité, que les personnes trans doivent être protégées contre les discriminations[1].

Naturellement, le regard normatif des Européens sur les personnes LGBT+ n'a pas disparu et les lois progressistes, là où elles existent, se heurtent souvent à des difficultés d'application. Mais, à l'échelle du monde, l'Europe apparaît bien comme l'un des meilleurs endroits de la planète pour vivre librement son orientation sexuelle ou son identité de genre. Nous ne devons pas cette situation qu'à la tolérance croissante des opinions, elle-même liée à l'enrichissement économique, à l'affranchissement du religieux, au progrès de la démocratie libérale. Nous le devons aussi, comme beaucoup d'innovations, à un phénomène assez mécanique : l'émulation entre États à l'intérieur d'un espace restreint. L'Europe, c'est « le maximum de diversité sur

1. Ipsos, *op. cit.*

le minimum d'espace[1] ». L'extraordinaire concentration d'États dans ce petit cap de l'Asie les incite à la comparaison et à la compétition. Elle crée un environnement propice à l'invention et à la diffusion des pratiques nouvelles. Sur beaucoup de questions, notamment la question LGBT+, cela a pour effet naturel de tirer les législations vers le haut. L'Union européenne, dans laquelle les interactions atteignent le plus haut niveau d'intensité, décuple cet effet d'émulation pour les pays qui en sont membres. Cette dynamique vertueuse a pleinement fonctionné au XXe siècle pour la dépénalisation de l'homosexualité. Elle fonctionne aujourd'hui pour la reconnaissance légale de la transition, la lutte contre les discriminations et les violences, le mariage et l'union civile, ou encore l'interdiction des thérapies de conversion. Si la République tchèque s'interroge sur le mariage pour tous, la Pologne sur l'union civile, c'est parce que d'autres pays, au sein de l'Union européenne, se sont engagés dans cette voie.

Nous devons aussi le progrès LGBT+ en Europe à la Cour européenne des droits de l'Homme et à la Cour de justice de l'Union européenne. Ces juridictions supranationales, que détestent les ennemis de la démocratie libérale, sont un acteur majeur du changement. Elles donnent régulièrement raison aux personnes LGBT+ qui s'estiment maltraitées dans leur pays et poussent les États à améliorer leur cadre légal. Nous devons y réfléchir à

1. La formule est de Kundera.

deux fois avant de critiquer ces vigies de l'État de droit qui protègent les individus et les minorités contre les abus du pouvoir majoritaire.

À partir de 1981, la Cour de Strasbourg, qui veille au respect de la Convention européenne de sauvegarde des droits de l'Homme dans les 46 États-membres du Conseil de l'Europe, condamne la pénalisation des relations homosexuelles. Dans les années 1990, elle juge que l'on ne peut pas établir pour les relations homosexuelles une majorité différente de celle qui existe en droit national pour les relations hétérosexuelles. Elle crée aussi une jurisprudence obligeant les États à accorder une reconnaissance juridique à la transition de genre. Elle lève l'interdiction pour les homosexuels de servir dans l'armée. À partir des années 2000, elle condamne les États qui ne protègent pas suffisamment les personnes LGBT+ contre les crimes de haine.

Dans les années 2010, la Cour estime, à travers diverses décisions, que l'on ne peut pas conditionner la transition de genre à une intervention chirurgicale de réattribution du sexe, à un traitement médical irréversible ou à une exigence d'incapacité permanente de procréer. Depuis 2013, elle condamne les États qui refusent d'accorder une protection légale – mariage ou union civile – aux couples de même sexe. Elle se prononce également pour l'adoption homoparentale et l'accès des conjoints LGBT+ aux droits sociaux.

C'est en grande partie sous l'influence de cette institution irremplaçable que se déploie la vague de dépénalisation post-1989 dans une quinzaine de pays de l'ex-bloc communiste, ainsi qu'à Chypre et en Irlande. C'est également sous son influence que ces mêmes pays adoptent des législations protectrices, que le Royaume-Uni ou l'Autriche harmonisent les majorités sexuelles, que la France et d'autres pays renoncent à la chirurgie comme condition de la transition, ou que se diffusent le mariage et l'union civile.

La Cour de justice de l'Union européenne, dont les décisions sont circonscrites aux États membres mais dotées d'un caractère plus contraignant, a également ouvert la voie à d'importantes avancées. Les traités fondateurs de l'Europe interdisent les discriminations sur la base du « sexe », mais aussi de « l'orientation sexuelle[1] ». Gardienne de ces traités, la Cour de justice condamne donc systématiquement les États qui ne combattent pas suffisamment les discriminations à l'encontre des personnes homosexuelles. Elle étend ses condamnations aux discriminations contre les personnes trans, considérant que ces dernières sont couvertes par la référence au « sexe » dans les traités.

Nombre de ses arrêts concernent la libre circulation des personnes dans l'espace européen, un grand principe de l'Union qui doit bénéficier à tous, y compris aux personnes LGBT+. En 2018, la Cour a ainsi estimé que le

---

1. Voir l'article 10 du traité sur le fonctionnement de l'Union européenne (TFUE) et l'article 21 de la Charte des droits fondamentaux de l'Union européenne.

conjoint extracommunautaire d'un citoyen européen de même sexe devait recevoir un titre de séjour du pays dans lequel le couple réside. Il importe peu, a tranché la haute juridiction, que le pays en question reconnaisse ou non le mariage entre personnes de même sexe. En 2024, dans une autre décision historique, la Cour a jugé qu'une transition de genre reconnue dans un pays de l'UE devait l'être dans les autres États membres.

Les particuliers ne sont pas les seuls à pouvoir porter plainte devant la Cour de justice de l'Union européenne. La Commission peut aussi introduire un recours en manquement contre un État. C'est ce qu'elle a fait en décembre 2022 contre la Hongrie après l'adoption de sa loi de protection de l'enfance. La France a soutenu cette procédure. C'était la première fois, depuis le début de la construction européenne, que Paris se portait en soutien de la Commission contre un autre État membre devant le « tribunal » de l'UE. La Cour de Luxembourg est donc aussi un moyen de sanction dans les mains de l'Union quand un État s'écarte des standards de droits humains, en particulier sur les questions LGBT+.

Un autre facteur de progrès est la conditionnalité à l'intégration européenne. La lutte contre les discriminations et violences anti-LGBT+ fait partie des critères d'État de droit qui permettent à la Commission d'examiner les demandes d'adhésion de nouveaux États membres. Les pays candidats à l'UE sont donc incités à faire des réformes et à concéder des droits aux personnes LGBT+.

Ils le sont d'autant plus qu'il existe souvent une concurrence à l'adhésion entre pays voisins.

C'est ce que j'observe au Kosovo, où je me rends en 2023. J'y suis particulièrement bien reçu. Les autorités de ce pays qui ambitionne de rejoindre l'Union et candidate au Conseil de l'Europe, mettent un point d'honneur à souligner les avancées pour les personnes LGBT+. La présidente de la Cour constitutionnelle, la charismatique Gresa Caka-Nimani, que je rencontre pour un petit déjeuner en arrivant à Pristina, me loue à juste titre le progressisme de la constitution de 2008. Cette constitution, m'explique-t-elle, est l'une des rares au monde à bannir les discriminations fondées sur l'orientation sexuelle. Gresa Caka-Nimani m'explique aussi que le mariage n'est pas défini par le texte fondamental comme l'union d'une femme et d'un homme. La Cour constitutionnelle kosovare pourrait donc répondre favorablement à la plainte d'un couple homosexuel dont le mariage aurait été refusé par les autorités. Ce serait une première dans un pays certes laïque, mais dont la population est majoritairement de confession musulmane.

En attendant, l'exécutif travaille à un projet de réforme du code civil pour y introduire une forme de Pacs. La présidente du Kosovo, m'indiquent ses conseillers que je rencontre au cours de ce même déplacement, y serait favorable. Le texte est prêt, mais la majorité n'existe pas encore au parlement pour le faire passer. Un travail de plaidoyer est nécessaire. La députée Ariana Musliu Shoshi, avec laquelle je m'entretiens également, est l'une des rares à mener ce travail de sensibilisation au parlement et dans les médias. Elle me dit que la capitale et la jeunesse, comme partout en Europe, sont plus ouvertes aux questions LGBT+. Elle s'emploie donc à porter ce plaidoyer en dehors de Pristina. Elle croit aussi important de mettre en avant, comme elle le fait, les témoignages de familles ayant des enfants homosexuels pour démystifier le sujet auprès des Kosovars plus âgés. La députée me confirme que la perspective de l'intégration européenne est au final le plus puissant allié de la cause LGBT+ dans son pays.

Blert Morina, ma rencontre la plus marquante au Kosovo, est directeur de l'ONG Center For Equality and Liberty. C'est un homme trans. Il a été le premier à faire reconnaître sa transition par les autorités kosovares. Ce beau et modeste jeune homme a ouvert la voie pour les autres, mais n'en tire aucune gloire. Durant le dîner à l'ambassade, j'admire son calme et sa détermination. Lui aussi me le dit sans détour : le progressisme du Conseil de l'Europe et de l'Union européenne est le meilleur soutien de son combat.

Mais le premier moteur du progrès, avant les institutions et les processus politiques, reste la mobilisation de la société civile. Aucune des législations ou des politiques progressistes évoquées dans ces pages, aucune des révolutions des mentalités qui ont transformé le quotidien des Européens, n'auraient pu voir le jour sans l'engagement des militants et des citoyens. Les progrès ont été conquis. Ils n'ont pas été octroyés. Nous devons la plupart des avancées à ceux qui ont eu le courage de parler à visage découvert et de s'opposer à des normes qui semblaient installées pour l'éternité. Nous les devons à des intellectuels, des artistes, des activistes, des médecins, des avocats qui ont pris le risque de la réprobation sociale, parfois de la marginalité. Je pense à ceux qui ont disparu avant d'avoir pu entrevoir le résultat de leur combat. Comme l'Allemand Magnus Hirschfeld, auquel j'ai rendu hommage en 2025 à Berlin à l'occasion du 90e anniversaire de sa mort. Ce sexologue fut le premier, à la fin du XIXe siècle, à créer un mouvement réclamant la dépénalisation de l'homosexualité, le premier aussi à pratiquer dans sa clinique, sous la république de Weimar, des opérations de réassignation sexuelle. Je pense aux acteurs de ce combat en France, du Front homosexuel d'action révolutionnaire créé dans l'élan de Mai 1968 à l'association OUTrans qui lutte aujourd'hui pour une meilleure acceptation de la transidentité, en passant par Act Up-Paris qui, en mobilisant contre le sida, a ouvert la voie au Pacs, puis au mariage. À ces revues, de *Gai Pied* à *Têtu*, ces personnalités, de Pierre Bergé à Robert Badinter, de Michel Foucault à Didier Eribon, qui ont imposé dans le débat la question LGBT+. Et je pense aux centaines de militants que j'ai rencontrés, de la Slovaquie à la Hongrie, des pays Baltes aux Balkans, qui poursuivent cet engagement avec audace et persévérance sur l'ensemble du continent européen.

Si la dynamique en Europe pour les droits des personnes LGBT+ est positive, les défis restent immenses.

Le décalage entre l'est et l'ouest du continent continue d'exister. L'écart se réduit peu à peu, mais il faudra encore du temps pour que d'un point à l'autre de l'Europe s'alignent les attitudes sur la diversité sexuelle et de genre. Et il reste deux ombres au tableau. La première est la permanence des discours de haine et des agressions contre les personnes LGBT+, en particulier les personnes trans. Les statistiques montrent une hausse de cette violence dans presque tous les pays, avec quelques exceptions notables comme l'Espagne[1]. Il est difficile de savoir si cette augmentation est imputable à une meilleure mesure du phénomène ou à une détérioration réelle de la sécurité des personnes LGBT+. Mais une chose est sûre : le fléau de la haine LGBTphobe est loin d'avoir disparu à l'échelle du continent. Il continue d'empoisonner nos sociétés. Je le constate dans toutes mes missions en Europe au cours desquelles je prends soin de rendre hommage aux victimes de cette folie homophobe. Comme à Bratislava, en 2023, où je me recueille devant le bar Tepláreň à l'endroit où quelques mois auparavant Matúš et Juraj ont été froidement assassinés.

Cette violence n'est pas une fatalité, comme le montre l'exemple de l'Espagne qui réussit à l'enrayer. Cela devrait pousser les pays européens qui ne l'ont pas encore fait à

1. Le rapport de l'Agence européenne des droits fondamentaux de mai 2024 montre une baisse de la discrimination à l'échelle de l'UE, mais une augmentation des faits de violences, et surtout des faits de harcèlement, en particulier ceux touchant les enfants.

renforcer leur arsenal législatif et à intensifier leurs actions de sensibilisation. Dans les écoles, les administrations, les entreprises, les médias, le sport, nous devons davantage expliquer que la LGBTphobie n'est pas une opinion, mais un délit, sans nous laisser intimider par ceux qui voudraient faire passer cette action civique pour de l'idéologie ou de la propagande. Cela devrait aussi nous inciter à investir dans la formation des policiers pour qu'ils soient mieux en mesure de reconnaître, enregistrer et enquêter sur les crimes haineux contre les personnes LGBT+. Cela devrait nous inviter à poursuivre notre combat contre les discours de haine sur les réseaux sociaux. La régulation des plateformes, pour laquelle l'Europe est à l'avant-garde, n'est pas une option. Les pays d'Europe sont inégalement protégés. Les échanges dans des langues minoritaires, par exemple, sont moins bien modérés. C'est ce que m'expliquent les militants LGBT+ en Slovaquie ou en République tchèque.

La seconde ombre au tableau des droits LGBT+ en Europe est la poussée des mouvements populistes. Les leaders de ces mouvements se posent en défenseurs des valeurs traditionnelles, en particulier de la famille, contre des élites libérales « décadentes ». Ils s'efforcent de rallier les suffrages des populations qui se sentent menacées non seulement par une dégradation de leur niveau de vie, mais aussi par une société moins homogène qu'autrefois. Ils s'en prennent sinon aux personnes LGBT+, du moins à la prétendue « idéologie du genre ». Cette agressivité se traduit dans quelques pays par des actes politiques et une remise en cause des droits acquis. Alors que je rédige ce livre, la régression légale concerne surtout des pays de l'est du continent influencés par la Russie. Nous la voyons en Hongrie, Bulgarie, Géorgie, dans l'entité serbe de Bosnie, ainsi qu'en Biélorussie. La Slovaquie et la Turquie sont tentées elles aussi de prendre des lois plus répressives. Les trois outils législatifs les plus répandus sont copiés sur ceux du Kremlin : loi contre la « propagande des relations sexuelles non traditionnelles auprès des enfants », loi sur les « agents de l'étranger », loi contre la transidentité. À l'inverse, la Pologne, depuis l'arrivée au pouvoir de Donald Tusk, referme la parenthèse anti-LGBT+. Elle est suivie dans son agenda positif par la Lituanie, où la loi de protection de l'enfance contre les contenus LGBT+ a été jugée inconstitutionnelle.

Dans certains pays gagnés par le populisme conservateur, l'agressivité contre les personnes LGBT+ se limite au discours. Elle n'en est pas moins dangereuse en ce qu'elle installe un climat d'hostilité. En Italie, la Lega de Matteo Salvini ne laisse d'attaquer le lobby gay et de célébrer la « famille naturelle ». En Slovaquie, Robert Fico assimile l'adoption d'enfants par des homosexuels à une « perversion », quand sa ministre de la Culture accuse l'idéologie LGBT+ de préparer l'extinction de la « race blanche ». En Turquie, Recep Tayyip Erdoğan compare l'homosexualité à une « anomalie transformée en injonction fasciste » et les LGBT+ à la « peste ». Les campagnes électorales, durant lesquelles les leaders populistes cherchent à agiter les peurs et à mobiliser l'électorat conservateur, constituent un terrain favorable pour ces provocations à la haine.

Le revirement des États-Unis de Donald Trump sur la question LGBT+ donne des ailes à ce camp populiste en Europe. La décision de Viktor Orbán, début 2025, d'interdire la Pride de Budapest ne se comprend pas sans l'investiture du nouveau président américain. Le Premier ministre hongrois n'avait pas osé jusqu'ici remettre en cause cette manifestation qui s'est toujours déroulée pacifiquement depuis 1995. L'installation à la Maison Blanche d'un président en guerre contre l'idéologie du genre et la transidentité l'a totalement désinhibé et l'a poussé à l'escalade. Il en va de même pour Recep Tayyip Erdoğan. Jusqu'à l'élection de Donald Trump, le Premier ministre turc s'était contenté de paroles agressives contre les LGBT+. En 2025, il passe aux actes en proposant une loi qui interdit la promotion des droits des personnes LGBT+. Mais l'effet Trump est paradoxal. Dans d'autres pays, où son image est majoritairement négative, il discrédite l'aventure populiste et renforce le camp progressiste et libéral.

En juin 2025, je suis de retour à Budapest où le contexte s'est décidément dégradé depuis mon dernier déplacement deux ans plus tôt. À la demande des ministres de l'Europe et de l'Égalité, je représente officiellement le gouvernement français à la Marche des Fiertés que Viktor Orbán a décidé d'interdire. Cette Marche est un test grandeur nature de notre capacité à défendre les personnes LGBT+ en Europe. De notre détermination aussi à faire respecter les grandes libertés civiles et politiques sur notre continent. Pendant trente ans, cette manifestation a pu se tenir. Elle s'est toujours déroulée dans le plus grand calme. Elle est même devenue, au fil des ans, comme je l'ai constaté en 2023, un événement populaire. Si elle devait finalement être annulée, ce serait un échec majeur pour les défenseurs de la démocratie et des droits de l'Homme en Europe. Et une victoire pour « l'internationale-réactionnaire ».

La veille de la Marche, alors que j'arrive à Budapest, il est difficile de prévoir la façon dont l'événement se passera. Depuis le vote de la loi d'interdiction, trois mois plus tôt, c'est l'épreuve de force entre les organisateurs et le chef du gouvernement. La jeune présidente de la Budapest Pride, Viktória Radványi, n'a pas l'intention de céder. Après avoir tenté plusieurs scénarios, c'est finalement celui d'une organisation par la mairie de Budapest qui est retenu. La municipalité n'a pas besoin de déclarer ses manifestations à la police. Elle propose donc d'organiser, le jour de la Pride, une « fête des libertés ». Pied de nez à l'ancien dissident Viktor Orbán, cette fête des libertés a été imaginée au sortir du communisme pour célébrer la liberté retrouvée de la Hongrie.

C'est sous ce paravent que la Marche des Fiertés va donc se dérouler. Jusqu'à la dernière minute, Viktor Orbán et son gouvernement tentent de l'empêcher. Ils ne paraissent pas impressionnés par les annonces de participation de nombreuses personnalités politiques, comme la commissaire européenne Lahbib, la vice-première ministre espagnole, plus de 70 députés européens, les maires d'Amsterdam, d'Athènes et de Barcelone. Pas plus d'ailleurs que par le message de soutien aux organisateurs adressé sur X par la présidente de la Commission Ursula von der Leyen. Mais la vérité est qu'il est plus difficile de réprimer une manifestation quand des personnalités étrangères y participent. L'affaire prend forcément un tour diplomatique. En tout cas, les autorités hongroises répètent jusqu'à la dernière minute que la manifestation est illégale et que des caméras à reconnaissance faciale, comme le permet désormais la loi, seront disposées le long du défilé pour identifier les contrevenants. Elles rappellent que les participants s'exposent à des amendes de 500 euros et les organisateurs à la prison. Preuve que tout n'est pas interdit, elles autorisent en revanche trois contre-manifestations de l'extrême droite sur le parcours de la Pride. L'un des objectifs de ces petits groupes, en particulier de « Notre patrie », est de bloquer l'accès de la Marche des Fiertés aux ponts qui permettent de franchir le Danube.

Le 28 juin à 15 heures, la Marche des Fiertés de Budapest s'élance depuis l'hôtel de ville. Évitant le pont de la Liberté, bloquée par les contre-manifestants, elle se dirige vers le pont Erzsébet où elle enjambe le majestueux Danube avant de longer, sur l'autre rive, la colline de Buda. L'image des milliers de personnes massées sur le pont fera le tour du monde. Elle symbolise le succès de la

Pride. Car il s'agit d'un succès. Et même d'un immense succès. Grâce au recul des autorités, et à leur retenue, les quelques contre-manifestants sont tenus à distance et la Pride se déroule sans aucun incident. Surtout, elle fait le plein. Les organisateurs attendaient 30 000 personnes. Elles seront plus de 200 000. Le gouvernement s'est pris à son propre piège et la menace d'interdiction a donné à l'événement une publicité extraordinaire. La très grande majorité des participants sont des Hongrois de toutes conditions, y compris de jeunes parents avec leurs enfants et des personnes âgées, qui sont venus protester dans la bonne humeur pour le respect de la diversité et contre les atteintes aux libertés. Quand la tête du cortège, où je me trouve avec Gergely Karácsony, le maire de Budapest, atteint le point d'arrivée de la Pride, les derniers manifestants n'ont pas encore commencé à marcher. Le défilé, sous un soleil d'été adouci par une légère brise, est interminable.

Le maire de la capitale, qui a tenu tête à Viktor Orbán et sans lequel l'événement n'aurait pas eu lieu, est le héros de la journée. C'est lui qui, tout sourires, attire les caméras du monde entier et les milliers de selfies des participants. Tous savent qu'il encourt la prison pour avoir bravé l'interdit. Il me confie, alors que la manifestation est terminée, qu'il s'agit sans doute du plus grand rassemblement public en Hongrie depuis les heures glorieuses de 1989. Le peuple est sorti dans les rues pour dire, à travers la cause LGBT+, son attachement à l'État de droit et aux libertés. Son attachement aussi à l'Union européenne.

Son hostilité à toute subordination à Moscou, qui inspire les lois anti-LGBT+ de Viktor Orbán. Il a adressé un message clair à Bruxelles : il est temps d'agir contre ces lois liberticides, comme la France et la majorité des États membres l'y encouragent.

Si la Hongrie est un test de notre volonté de défendre les valeurs de l'Europe, le test est cette fois-ci réussi. Ce succès soulève un grand espoir, celui que l'Europe reste bel et bien un refuge pour les personnes LGBT+. Il démontre aussi que le mouvement LGBT+ peut avoir un pouvoir considérable, celui de porter le combat plus général pour les droits humains et la démocratie.

L'irruption de la question trans

Je suis à Mexico, ce jour de décembre 2024. Je me rends dans le district d'Iztapalapa, l'une des banlieues les plus pauvres de la capitale. Je croise des milliers de personnes qui marchent, crucifix à bout de bras, vers Notre-Dame-de-Guadalupe dont la fête a lieu le lendemain. C'est l'un des plus grands pèlerinages de la planète, sur le lieu où en 1531 la Vierge Marie serait apparue pour la première fois sur le continent américain. Pas moins de 20 millions de fidèles sont attendus. Je réussi à me frayer un chemin jusqu'au cimetière San Lorenzo Tezonco, où j'ai rendez-vous avec les militants de la Casa de las Muñecas. Nous marchons un bon kilomètre parmi les tombes. C'est un paysage extravagant et coloré. Sur les sépultures se mêlent fleurs de cempasúchil et têtes de mort. Les autels rivalisent d'offrandes aux défunts : bouteilles de tequila, guitares miniatures, bougies, portraits des disparus, restes de nourriture... Avant de partir définitivement, m'expliquent mes hôtes, les esprits hantent quelque temps le monde des vivants. Ils s'attendent à retrouver les êtres et les choses qu'ils ont aimés leur vie durant.

Nous arrivons enfin à l'extrémité du cimetière, à proximité d'une petite montagne volcanique qui semble donner au lieu une aura supplémentaire de sacré et de mystère. Je découvre le Mausolée Tiresias. C'est là que repose Paola Buenrostro, martyr de la cause trans. Le 30 septembre 2016, elle a été assassinée dans les rues de Mexico à l'âge de 25 ans. Un homme, qui s'était arrêté en voiture pour solliciter ses services, l'a abattue à bout portant en réalisant qu'elle était une femme trans. Témoins du crime, les amis de Paola ont empêché l'individu de fuir et l'ont remis à la police qui passait aux alentours. Après 48 heures de garde à vue, le suspect a été libéré. Il s'est éclipsé et a totalement disparu de la circulation. Le crime, à ce jour, est resté impuni.

Paola était originaire d'une famille modeste de Campeche. Travailleuse du sexe, elle espérait s'arrêter bientôt pour vivre avec l'homme qu'elle aimait. Sa famille, qui l'avait rejetée et ne voulait plus entendre parler d'elle, ne s'est pas déplacée pour ses obsèques. Les enquêteurs et les autorités chargées de dresser le constat de décès ont refusé de la nommer « Paola », le nom qu'elle s'était donné. Dans les documents officiels, ils ont écrit « Manuel » et « Alejandro », ses prénoms de naissance.

Je me recueille devant sa tombe à laquelle le mausolée associe le souvenir d'autres femmes trans. En déposant un bouquet de fleurs sur l'autel dédié à Paola, je pense à la dernière image de l'humanité qu'elle a emportée avec elle. Je ressens intensément la violence à laquelle elle a dû être confrontée. Je ressens son désir de reconnaissance. Sa solitude. Sa révolte. Ses rêves de jeune femme. Je suis ému par les nombreux messages d'affection qui parsèment sa dernière demeure. Par la sollicitude, les soins, dont sa mémoire est maintenant l'objet. S'il est vrai que les esprits des morts continuent d'errer parmi nous, Paola doit apprécier d'être enfin respectée. Heureuse, peut-être, de ressentir cet amour qui, durant sa vie si courte et si cruelle, lui a été refusé.

En 2019, trois ans après son assassinat, le procureur général de la ville de Mexico a présenté les excuses officielles des autorités pour les négligences de l'enquête et le refus de reconnaître l'identité de genre de Paola. En juillet 2024, quelques mois avant mon passage, la ville de Mexico a adopté la « loi Paola Buenrostro ». Cette loi reconnaît le transféminicide et le punit d'une peine allant jusqu'à soixante-dix ans de prison. Mexico est ainsi le deuxième des trente-deux États du pays à criminaliser le transféminicide, après le Nayarit, un petit État de la côte pacifique.

Ces avancées ont été rendues possibles par Kenya Cuevas. Kenya était l'amie de Paola. Elle partageait sa vie d'infortune sur les trottoirs de Mexico. Le 30 septembre 2016, elle se trouvait avec elle et a été la principale témoin du crime. C'est elle qui a retenu le meurtrier jusqu'à l'arrivée de la police. C'est elle qui a refusé de voir le corps de Paola finir dans une fosse commune et qui s'est occupée de lui donner une sépulture. Cette tragédie l'a transformée. Elle a fait d'elle une activiste. Depuis, elle travaille sans relâche pour que le crime soit reconnu et l'honneur de Paola rétabli. Elle a abandonné le travail du sexe et fondé en 2018 la Casa de las Muñecas, la « Maison des Poupées » qui défend les droits des personnes trans. Elle sensibilise à leur sort les autorités et le grand public. Elle gère un réseau de refuges qui offrent l'asile aux sans-toit. Elle veille à ce que les personnes trans soient enterrées dignement. Le mausolée trans de San Lorenzo Tezonco, le premier en son genre au Mexique, est le fruit de son engagement.

Chaque année, dans ce pays, on enregistre le meurtre de plus de 50 personnes trans, surtout des femmes[1]. 98 % de ces crimes restent impunis. Ce n'est malheureusement qu'une partie de la réalité. Beaucoup de crimes ne sont pas signalés et n'apparaissent pas dans les statistiques officielles. Le résultat est que l'espérance de vie des personnes trans serait inférieure à 40 ans. Un véritable scandale. La mort violente n'est pas seule responsable. Les personnes trans, en raison de leur précarité sociale et du rejet dont elles sont victimes, sont frappées par les maladies d'une manière disproportionnée. Elles accèdent plus difficilement aux soins de santé et meurent plus nombreuses de façon prématurée. Elles sont aussi beaucoup plus nombreuses à se suicider. Quatre sur dix finiraient par se donner la mort.

Les centaines de milliers de personnes trans vivant au Mexique[2] n'ont pas seulement une faible espérance de vie. Elles connaissent aussi une existence de privation

1. Chiffres concernant la période 2021-2023 rapportés par LetraEse, organisation mexicaine dédiée à la défense des droits des personnes LGBT+. L'ensemble des statistiques données ici proviennent de cette source.

2. Cela représente entre 0,3 et 0,5 % de la population.

et d'exclusion. Plus de la moitié d'entre elles ont précocement abandonné leur scolarité, souvent en raison du harcèlement et des problèmes de santé. Les trois quarts d'entre elles vivent dans la pauvreté et plus de 15 % se trouveraient à la rue. Enfin, la moitié des personnes transgenre mexicaines déclarent avoir eu recours à la prostitution à un moment donné de leur vie.

Et pourtant, le Mexique n'est pas le pire pays pour les personnes trans. Malgré les préjugés, la discrimination et les violences, elles peuvent afficher leur identité. Une courte majorité de leurs concitoyens ont désormais sur elles une opinion favorable ou neutre[1]. Et avec les années, les perceptions s'améliorent. Plus on est jeune plus on est tolérant. Surtout, la reconnaissance légale de la transition a été simplifiée au cours de la période récente. Dans 22 des 32 États du Mexique, le changement d'identité de genre est aujourd'hui possible sur simple déclaration, sans aucune condition médicale. Des quotas arc-en-ciel permettent l'élection de personnes LGBT+ dans les deux chambres du parlement et dans plusieurs municipalités. Les soins d'affirmation de genre peuvent être remboursés sous certaines conditions et dans un certain nombre d'entités fédérées. D'une manière générale, le sujet est à l'agenda politique de façon positive. Les pouvoirs publics semblent conscients des enjeux et désireux d'améliorer la situation. Quant à l'initiative de Kenya Cuevas, elle n'est pas isolée. La société mexicaine ne manque pas de cœur

1. 53 % d'après un sondage Parametria de 2021.

et les actions de solidarité sont de plus en plus nombreuses.

Au Mexique comme dans beaucoup de pays, la question trans est la question émergente. Elle constitue le nouveau front du combat LGBT+, en tout cas dans l'univers démocratique. Dans ce monde ordonné aux droits des individus, la plupart des combats pour les personnes homosexuelles ont été gagnés, en particulier le *mariage pour tous*. On y est de plus en plus indifférent à l'orientation sexuelle de ses concitoyens et de ses amis. L'homophobie n'a pas disparu, mais elle est devenue un délit, mieux, une faute morale qui place ses auteurs au banc de la société. Signe des temps : le milieu gay s'embourgeoise et n'hésite plus, maintenant qu'il n'est plus rejeté, à voter pour les partis établis. La nouveauté, c'est la visibilité et les revendications croissantes des personnes trans. Au cours de la dernière décennie, elles sont à leur tour sorties du placard et ont commencé à demander à la société de les regarder avec plus de mansuétude. Le phénomène a débuté dans les pays anglo-saxons et dans les États du nord de l'Europe, tous à majorité protestante, avant de se diffuser dans les autres régions du monde démocratique. Pour donner une idée de cette évolution et de sa rapidité, 0,3 % de la population adulte des États-Unis – soit 700 000 personnes – s'identifiaient comme transgenres en 2003. En 2015, la proportion montait à 0,6 %, ce qui représente 1,4 million de personnes. En 2021, elle serait passée à 1,4 %, c'est-à-dire 3,5 millions de personnes[1].

1. Source : Williams Institute.

Un quart de ces personnes auraient recours à la chirurgie de réassignation sexuelle et 80 % utiliseraient un traitement hormonal. Toutes pourtant ne changeraient pas de genre à l'état civil. Seules un quart à la moitié d'entre elles s'engageraient dans cette voie.

La transidentité n'est évidemment pas un phénomène nouveau. Elle existe dans toutes les sociétés, à toutes les époques. La nouveauté : nous vivons dans des sociétés de liberté parvenues à ce point de leur développement où elles permettent aux personnes mal à l'aise avec leur sexe de naissance de ne plus se cacher. De s'exprimer librement. De changer de genre si elles le demandent. Dans une société fondée sur la souveraineté de l'individu, chaque personne, dès lors qu'elle est majeure et ne porte aucun préjudice à autrui, a un droit absolu sur son propre corps. Aucune puissance – État, famille, religion – n'est en droit de lui dicter sa conduite. Mon corps m'appartient totalement et j'en dispose avec une liberté absolue. Cette liberté inclut la possibilité d'épouser un genre autre que celui de ma naissance. Je suis homme et je veux être femme. Cette conversion était impossible dans les sociétés hiérarchiques et autoritaires, ordonnées à une norme extra-sociale, le plus souvent religieuse. Cela devient une possibilité absolument légitime dans une société qui s'institue sur le registre de l'autonomie, dans laquelle aucune instance supérieure n'est opposable à la liberté des individus.

Pendant des siècles, les personnes qui se sentaient douloureusement étrangères à leur genre étaient condamnées à y rester assignées toute leur vie et à souffrir en silence.

Elles peuvent maintenant être ce qu'elles sont. Elles peuvent espérer une existence plus décente, plus libre. C'est un authentique mouvement de libération, inséparable de l'essor des démocraties. Parler de *mode trans* pour décrire la croissance importante des cas de transition ces dernières années témoigne d'une certaine légèreté. On ne change pas de genre comme on change de chemise. C'est une démarche qui engage la personne tout entière. Une épreuve souvent redoutable par laquelle on affronte le jugement de sa famille et la réprobation de la société. Qui s'amuserait, pour être à la « mode », à emprunter ce chemin de croix ? Seules s'engagent dans un parcours de transition les personnes qui souffrent d'être définies par leur sexe biologique. Nous n'avons pas affaire à un engouement éphémère, mais à un authentique mouvement d'émancipation.

Ce mouvement est cependant circonscrit, aujourd'hui, à un nombre assez réduit de pays. Seuls une trentaine d'États reconnaissent légalement la transition de genre sans exiger des opérations chirurgicales de réassignation sexuelle ou la présentation d'un diagnostic médical. Ce sont surtout des pays européens : Allemagne, Belgique, Danemark, Espagne, Finlande, France, Grèce, Irlande, Islande, Luxembourg, Malte, Norvège, Portugal, Suisse. Ce sont également des États américains : Argentine, Brésil, Canada, Chili, Colombie, Costa Rica, Équateur, États-Unis, Mexique, Uruguay. Ce sont enfin les pays du sous-continent indien – Bangladesh, Inde, Népal, Pakistan – ainsi que l'Australie et la Nouvelle-Zélande.

Le fait de supprimer toute condition médicale à la reconnaissance légale de la transition est une étape cruciale. Le mouvement est récent, lancé seulement il y a une quinzaine d'années. La Californie a ouvert le chemin en 2009, suivie par l'Argentine en 2012. La France a franchi cette étape en 2016. Le mouvement est encouragé par les cours européenne et américaine des droits de l'Homme. Cette suppression des conditions médicales a une signification symbolique. Elle indique que la transidentité n'est pas une maladie et qu'il convient de dépathologiser la question trans. C'est au demeurant la ligne de l'Organisation mondiale de la santé qui, en 2022, a retiré la transidentité de la liste des maladies mentales. L'abandon des exigences médicales a aussi pour effet concret de faciliter le changement de genre à l'état civil. Il a permis à un plus grand nombre de personnes de faire reconnaître leur transition et a accompagné l'augmentation de la visibilité trans dans la société[1].

Dans cette trentaine de pays libéraux, le mouvement trans est souvent bien organisé et la représentation des personnes qui défient les normes de genre se diffuse dans la vie culturelle. Depuis quelques années, on ne compte plus le nombre d'œuvres qui leur sont consacrées. Du cinéma

---

1. En France, quand ils étaient conditionnés à des opérations chirurgicales, on recensait chaque année entre 100 et 150 changements de genre à l'état civil. Après l'adoption de la loi de 2016 qui supprime cette condition chirurgicale, on est passé à environ 1 000 à 1 500 changements par an.

au roman en passant par le théâtre, les essais ou les performances de drag, les artistes et intellectuels interrogent de plus en plus la transidentité. Ils contribuent à nous rendre sensible la subjectivité des personnes trans. À rendre ces dernières plus familières, plus proches. Pour les jeunes générations des milieux urbains, cette réalité est devenue une évidence. La question du genre s'est résolument invitée dans leurs conversations et leurs préoccupations. Les adolescents et les jeunes adultes sont moins complexés que leurs aînés sur ce sujet. Ils sont souvent plus prompts à se définir à travers la question du genre que par le biais des identités politiques. Surtout, ils sont plus nombreux que la moyenne de la population, environ 3 %, à s'identifier comme trans, non binaires ou « gender fluid ». Au lycée, cela représente au moins un élève par classe.

Parmi cette trentaine de pays plus accueillants pour les personnes trans, vingt-six ont simplifié au maximum les procédures de reconnaissance en adoptant le principe d'auto-identification. L'auto-identification est la procédure par laquelle on est autorisé à changer de genre sur la base d'une déclaration devant un officier d'état civil. La France n'a pas fait sienne ce principe. Elle ne pose plus de condition médicale, mais exige des personnes trans qu'elles fassent la preuve devant un juge qu'elles vivent dans le genre revendiqué depuis au moins trois ans. Cela implique notamment de produire des témoignages d'amis ou de membres de la famille.

Dans la liste de ces pays ouverts à la transidentité, une place à part doit être faite aux pays d'Asie du Sud.

En Inde, au Népal, au Pakistan, au Bangladesh, la reconnaissance des personnes trans est moins un effet du processus de modernisation démocratique qu'un très ancien héritage historique. Depuis l'Antiquité, on y reconnaît les *hijras*. Ce sont le plus souvent des personnes nées avec une physionomie masculine qui s'identifient comme filles, parfois des personnes intersexes. Elles quittent leur famille, où elles n'ont pas d'avenir, pour vivre en communauté avec d'autres *hijras*. Elles y retrouvent des liens de solidarité quasi familiaux sous la conduite d'un « gourou ». L'usage veut qu'en entrant dans cette communauté, les *hijras* soient émasculés. Il semble que ce rite de castration ne concerne plus qu'une minorité d'entre eux, la plupart ayant désormais recours à des hormones.

Deux domaines d'activités sont traditionnellement dévolus aux *hijras* : le travail du sexe et les bénédictions dans les cérémonies de naissance ou de mariage. Ils peuvent aussi se livrer à la mendicité. Il arrive que les *hijras* se marient. Cela ne les empêche pas de rester liés à leur communauté et de lui apporter régulièrement une partie de l'argent gagné par leur activité. Les *hijras* peuvent être issus de toutes les castes. S'ils sont le plus souvent hindouistes et vouent un culte à la déesse Bahuchara Mata, ils peuvent aussi être musulmans. Au temps des maharadjas, ils étaient utilisés comme eunuques pour garder les harems. Sous la colonisation britannique, en particulier l'ère victorienne, ils ont été criminalisés pour indécence publique et atteinte aux bonnes mœurs. Après les indépendances, ils ont continué à être stigmatisés pendant de longues décennies.

Mais depuis une quinzaine d'années, ces parias connaissent une spectaculaire réhabilitation. Au Népal, en Inde, au Pakistan, au Bangladesh, un troisième genre a été reconnu auquel ils peuvent s'identifier. Dans le même temps, le droit a été donné à tous de passer du genre masculin au genre féminin, ou l'inverse. Pouvant régulariser leur situation à l'état civil, les *hijras* sont désormais en capacité de voter. Ils peuvent aussi accéder aux services de santé ou d'emploi. Ils sont donc devenus des citoyens à part entière. Leur visibilité est aussi plus grande dans la culture populaire, notamment dans les films et les séries dont sont friands les habitants du sous-continent.

En Inde et au Népal, ce progrès s'est accompagné de la dépénalisation de l'homosexualité et participe du développement des libertés démocratiques. Au Pakistan et au Bangladesh, tous deux membres de l'Organisation de la Conférence islamique, l'homosexualité reste interdite et l'antique permission de transitionner d'un genre à l'autre est malheureusement utilisée pour combattre les relations entre personnes de même sexe. Le changement de genre de l'un des partenaires dans un couple homosexuel permet de sauver les apparences. Il rétablit la binarité femmes-hommes et fait disparaître l'homosexualité honnie et illicite.

Dans un autre groupe de pays, composé d'une vingtaine d'États, la situation des personnes trans est plus dégradée, mais reste passable. On peut y faire un changement de genre, mais il faut fournir aux autorités un diagnostic médical. Dans ces pays, on continue donc à pathologiser les personnes trans, mais les obstacles à la transition demeurent surmontables. De nombreux pays d'Europe sont dans cette situation : Autriche, Biélorussie, Croatie, Estonie, Lettonie, Pays-Bas, Pologne[1], Royaume-Uni, Slovaquie, Slovénie, Suisse, Ukraine. En Amérique latine, c'est le cas de la Bolivie. Sur le continent africain, de l'Afrique du Sud. Au Moyen-Orient, dans le Caucase et en Asie, de l'Arménie, d'Israël, de l'Ouzbékistan, du Bouthan et du Sri-Lanka.

Dans une autre vingtaine de pays, la reconnaissance de la transition est conditionnée à une opération chirurgicale de réassignation sexuelle. C'est évidemment une atteinte à l'autonomie individuelle. Personne ne devrait se laisser imposer des décisions concernant son propre corps. Chacun devrait avoir la liberté de choisir la façon dont il vit son identité de genre. Au demeurant, tout le monde n'a pas les moyens de payer une chirurgie de réattribution sexuelle. L'imposer pour obtenir un changement légal de genre est inégalitaire. C'est aussi exposer le sujet à des risques médicaux et psychologiques qu'il n'est pas toujours prêt à prendre. Enfin, c'est le soumettre, sans qu'il y ait vraiment consenti, à des opérations irréversibles.

L'obligation pour les personnes trans de subir cette chirurgie de réassignation est une pratique assez répandue

1. La Pologne avait la particularité jusqu'en 2025 d'exiger aussi des personnes voulant transitionner de faire un procès contre leurs parents devant un tribunal. Voir la chapitre consacré à l'Europe.

en Asie et dans le Caucase, notamment en Chine, Japon, Corée, Singapour, Iran, Kazakhstan, Mongolie, Vietnam, Turquie, Azerbaïdjan, Arménie, Géorgie. C'est aussi une réalité dans certains pays européens – Tchéquie, Roumanie, Serbie, Monténégro, Bosnie –, sur le continent américain – Cuba, Panama – ainsi qu'en Namibie. La situation est particulière en Iran, où il vaut mieux être trans qu'homosexuel. Comme au Pakistan, on y traque les couples de même sexe et l'on trouve commode que par la grâce d'une transition les choses soient « remises dans l'ordre ».

La situation est nettement plus préoccupante dans les pays où il est tout simplement impossible de faire reconnaître sa transition. C'est malheureusement le cas dans une centaine d'États. La transidentité n'y est pas forcément interdite, mais il n'existe pas de procédure de reconnaissance légale. On ne peut pas y changer son prénom et son marqueur de genre dans les documents d'état civil. Ceux qui font malgré tout une transition « sociale » sont des « dissidents ». Ils sont généralement privés d'accès à de nombreux droits, comme celui de voter, car ils ne peuvent pas utiliser leur carte d'identité, qui ne correspond pas à leur apparence. Le marché du travail leur est quasiment inaccessible. Ils sont souvent condamnés à la prostitution. Dans le meilleur des cas, ils occupent des emplois dans le secteur de la beauté, comme celui de maquilleuse, presque toujours dans l'économie informelle. Ils sont fréquemment obligés de se cacher à leur domicile ou de vivre dans des refuges, quand ils existent.

C'est une vie obscure, souterraine. Une vie d'humiliation perpétuelle.

Quels sont ces pays ? Ce sont les États du monde arabe et de l'Afrique, à l'exception de l'Afrique australe. Ce sont, en Asie, des pays comme l'Afghanistan, le Cambodge, la Corée du Nord, les Philippines. Dans les Amériques, ce sont de nombreux États, souvent de petite taille, quelques-uns plus importants comme le Paraguay ou le Venezuela. En Europe, ce sont l'Albanie, la Hongrie, la Bulgarie. C'est également la Russie depuis sa loi anti-trans de 2023.

Dans cet ensemble de pays, les situations sont assez contrastées. Les 62 États qui criminalisent les relations homosexuelles sont évidemment parmi les plus hostiles aux personnes trans. Leurs lois anti-homosexualité sont généralement utilisées pour réprimer la transidentité. Les personnes trans y sont sujettes, comme les personnes homosexuelles, à des amendes, des arrestations, des détentions. Mais la pire configuration est celle des États qui disposent de lois spécifiques sur la transidentité. Dans une quinzaine de pays, il est explicitement interdit d'adopter une expression de genre différente du sexe biologique et des sanctions pénales particulières sont prévues pour les contrevenants. Ce sont des pays d'Afrique : Gambie, Malawi, Nigeria, Sud-Soudan. Mais aussi du Moyen-Orient et d'Asie-Pacifique : Arabie Saoudite, Oman, Émirats arabes unis, Birmanie, Malaisie, Indonésie, Brunei, Tonga[1].

1. Voir le site de Human Dignity Trust.

Dans les États où la reconnaissance légale de la transition n'existe pas mais où l'on ne criminalise pas les relations homosexuelles et la transidentité, comme la Hongrie, la Bulgarie, l'Albanie, la Thaïlande, le Cambodge, la situation est évidemment plus enviable. La Thaïlande est un cas à part. C'est ce que m'explique Chadchart Sittipunt, le gouverneur de Bangkok, qui me reçoit dans une des vingt Pride Clinics de la capitale thaïlandaise en mars 2024. Ces établissements ont été créés sous l'autorité de l'administration municipale pour offrir aux personnes LGBT+ un accès personnalisé aux soins de santé. Ils proposent des consultations et des médicaments contre le VIH, mais aussi des traitements hormonaux et de la chirurgie de réaffirmation du genre. La particularité de la Thaïlande, me dit le gouverneur de Bangkok, est que les personnes trans ne peuvent pas changer leur état civil, mais qu'elles sont autorisées à effectuer une transition médicale. Et même à être accompagnées dans cette démarche. Je découvre lors de mon déplacement dans ce pays qu'elles y vivent mieux que dans beaucoup d'États où la transition de genre est légalement reconnue. Elles y sont visibles et relativement bien acceptées par la société. Quant à ces établissements qui pratiquent la chirurgie corrective, ils attirent des personnes trans du monde entier. J'ai la conviction que la procédure de reconnaissance légale ne tardera pas à être adoptée en Thaïlande. Au demeurant, elle est la principale revendication du mouvement LGBT+ depuis que la loi sur le mariage pour tous est entrée en vigueur.

La visibilité croissante des personnes trans en Europe et dans les Amériques présente un envers négatif. C'est sur elles que désormais se concentrent les attaques anti-LGBT+. L'opinion s'est habituée à l'homosexualité ; elle découvre la transidentité. C'est la transition de genre qui, aujourd'hui, lui paraît transgressive. À mesure que gays et lesbiennes sont mieux acceptés et que les personnes trans sortent de la clandestinité, ces dernières remplacent les premières dans la figure du bouc émissaire. Le phénomène s'observe dans tout le monde démocratique où la question trans est devenue l'un des nouveaux objets de la guerre culturelle entre conservateurs et progressistes. Il a éclaté au grand jour en 2025 avec le changement d'administration fédérale aux États-Unis. Signe des temps, Donald Trump a fait de son opposition à la liberté de genre l'un des principaux marqueurs de sa bataille contre l'idéologie progressiste. Dès son investiture, il a remis en cause toute une série de droits conquis par les personnes trans. Une surprise pour les publics étrangers. Pas pour les observateurs avertis. Le feu couvait sous la cendre depuis quelques années. Trois faits témoignent de cette hostilité grandissante.

Le premier est l'explosion de la rhétorique antitrans. Les discours qui, il y a une quinzaine d'années, visaient les homosexuels, prennent aujourd'hui pour cible les personnes trans. Ils reposent sur les mêmes peurs et diffusent les mêmes arguments. Les personnes trans seraient des personnes malades ou dysfonctionnelles. Elles menaceraient les identités masculine et féminine. Elles brouilleraient la distinction entre les sexes. Leur existence serait contre nature ou s'opposerait à l'ordre voulu par Dieu. Elles voudraient imposer une nouvelle idéologie en rupture avec le « bon sens[1] » et diffuseraient une insupportable novlangue. La transidentité serait un danger pour les enfants que des idéologues vicieux prendraient comme cobayes de leurs expérimentations. La préoccupation des personnes trans pour leur propre identité serait l'expression d'un individualisme narcissique qui menace de détruire les valeurs collectives. Elles seraient le symptôme du déclin de nos sociétés. Tout cela a déjà été dit et écrit, depuis longtemps, à propos des homosexuels. Ce sont aujourd'hui les personnes trans et non binaires, infime minorité de la population, qui font les frais de ce discours. En somme, nous assistons à un recyclage en bonne et due forme du narratif homophobe.

Mais la rhétorique antitrans décline aussi des thèmes originaux. Le motif principal : les trans seraient un danger pour les femmes. La sécurité de ces dernières serait menacée dans leurs espaces séparés – toilettes, vestiaires, refuges, prisons… – si des femmes trans, conservant des hormones et un sexe masculin, sont autorisées à y pénétrer. Elles y seraient exposées à des viols, des agressions sexuelles, du harcèlement. Certains n'hésitent pas à peindre les femmes

1. Durant sa campagne électorale de 2024, Donald Trump n'a eu de cesse que de prendre le parti du bon sens sur les questions sociétales et de dénoncer la « folie transgenre » ou le « délire » de « l'idéologie du genre » supposément portée par ses opposants démocrates.

trans comme des prédateurs sexuels. Aucune donnée probante ne vient vérifier ce type d'allégations qui s'autorise de quelques faits rarissimes montés en épingle. Évidemment, la violence existe dans tous les milieux. Mais les personnes trans ne représentent pas, dans les espaces féminins, un danger supérieur à celui que représente la moyenne des autres femmes. L'autre menace que les personnes trans feraient peser sur les femmes touche au sport. Elles auraient dans les compétitions sportives un avantage déloyal. Leur participation fausserait les résultats et serait source d'iniquité. En plein mouvement #MeeToo, cette tentative d'opposer les droits des femmes à ceux des personnes trans jette le trouble. J.K. Rowling, l'autrice de la saga Harry Potter, s'en est fait une spécialité, quand Elon Musk, l'autre figure de l'hostilité à la transidentité, préfère mettre en avant la protection des enfants. Fort heureusement, le mouvement féministe, à quelques exceptions près, reste assez imperméable à ces manipulations.

Le deuxième fait qui témoigne de la montée du sentiment antitrans est le recul des droits dans un certain nombre de pays européens et américains. En 2020, la Hongrie a adopté une loi interdisant le changement de sexe. La Russie et la Bulgarie l'ont suivie en 2023. Puis ce fut le tour de la Géorgie en 2024. Aux États-Unis, le mouvement d'interdiction a commencé en 2023 au Tennessee et au Kansas. Il s'est poursuivi en 2024 dans l'Idaho, au Texas et en Floride, puis en 2025 dans l'Iowa. En parallèle, des centaines d'initiatives législatives ont été lancées dans les États MAGA pour limiter l'accès aux soins d'affirmation de genre des mineurs, interdire les ouvrages sur la transidentité ou empêcher l'aménagement des locaux publics au bénéfice des personnes trans.

L'Indonésie, en 2023, a adopté une nouvelle loi sur la santé qui limite la chirurgie de réassignation sexuelle. La Bosnie-Herzégovine a voté la même année une loi qui restreint l'accès aux soins d'affirmation de genre. Le Royaume-Uni, en 2024, a légiféré pour interdire les bloqueurs de puberté aux mineurs. En 2025, sa Cour suprême a exclu les femmes trans de la définition légale des « femmes ».

Le retour de Donald Trump au pouvoir en janvier 2025 donne lieu à une escalade antitrans. Suppression de la possibilité de s'auto-identifier et de choisir un indicateur de genre neutre sur les documents fédéraux. Interdiction de servir dans l'armée. Restrictions dans le sport, les prisons, les hébergements d'urgence. Limitation de l'accès aux soins de transition pour les mineurs. Fin des programmes de « diversité et inclusion » ainsi que des pratiques de discrimination positive. Suppression des financements concourant à « l'idéologie du genre ». Ce sont en tout une dizaine de décisions présidentielles qui tentent de revenir sur les avancées obtenues par les personnes trans au cours des années précédentes. Ces décisions ne concernent que l'étage fédéral et font l'objet de recours devant les tribunaux, mais elles poussent à la radicalisation les États fédérés gouvernés par les républicains. Elles encouragent aussi d'autres gouvernements conservateurs, dans d'autres pays, à emprunter la même voie. Peu de jours après l'investiture de Donald Trump, l'Argentine a ainsi modifié sa législation pour empêcher l'accès des mineurs aux soins d'affirmation de genre. Au même moment, en Turquie, le gouvernement envisageait un projet de loi visant à réduire les droits des personnes trans.

Le troisième indicateur du *backlash* antitrans est l'accroissement de la violence. Les discours agressifs et les politiques antidroits mettent une cible dans le dos des personnes transgenres. Meurtres, agressions, violences verbales, refus de servir : les passages à l'acte se sont faits plus nombreux et inquiétants ces dernières années. Dans la plupart des pays européens et américains, les statistiques montrent qu'une part croissante des actes anti-LGBT+ visent maintenant les personnes trans. Aux États-Unis, ils sont passés de 12 % à 40 % entre 2013 et 2024[1]. En Europe, l'évolution est comparable, de 8 à 35 %[2]. En Amérique latine, de 15 à 45 %[3]. Pointe extrême de cette violence, les transféminicides ont augmenté de près de 70 %. On en aurait dénombré environ 200 en 2013 dans le monde. Ils seraient passés à plus de 450 en 2023. C'est au Brésil que se produiraient près de 40 % de ces assassinats. Viendraient ensuite le Mexique, les États-Unis, la Colombie, le Venezuela. L'Afrique semble de plus en plus touchée par cette vague de violence antitrans. Alors que j'écris ce chapitre, je suis alerté par des militants ivoiriens

1. Source : Human Rights Campaign, FBI Hate Crime Statistics.

2. Source : Agence des droits fondamentaux de l'Union européenne.

3. Source : ILGA.

du meurtre à Abidjan de Jennifer, une jeune femme trans de 23 ans originaire du Bénin. Un événement totalement occulté par la presse locale, et que nous décidons, avec Stop Homophobie et le comité Idaho France, de rendre public. À peu près au même moment, c'est une autre femme trans, en Colombie, qui est assassinée. Sara Millerey, 32 ans, a été battue à mort dans la rue, puis jetée dans un ruisseau.

L'assassinat de Paola Buenrostro se répète au moins une fois chaque jour quelque part sur la planète. C'est ce que martèle Kenya Cuevas, son amie, lorsque je la rencontre à Berlin en décembre 2024, à mon retour du Mexique. Nous participons à la conférence de la *Coalition pour les droits égaux*, qui regroupe une quarantaine d'États engagés sur les enjeux LGBT+. La question trans, pour la première fois depuis la création de cette coalition en 2016, occupe une place centrale dans les discussions organisées par la diplomatie allemande. Kenya Cuervas y a été invitée pour apporter son témoignage. Elle parle de Paola, des montagnes qu'elle a dû soulever depuis le crime de 2016. Elle décrit la rue et ses souffrances. La brutalité de la société à l'encontre des personnes trans. Ce sentiment vertigineux d'être expulsé de l'humanité. L'exil intérieur, la pauvreté, l'humiliation. La charge contre les États, inactifs ou complices de la violence antitrans, est véhémente, impitoyable. La colère est sans filtre, à l'état pur, comme rarement je l'ai entendue. Ce n'est plus un discours que Kenya fait entendre dans la salle de conférence de l'Auswärtiges Amt. C'est un cri de révolte. Une plainte déchirante, comme sortie d'un monde souterrain. Un monde qui est pourtant le nôtre. Mais Kenya évoque aussi le sentiment de paix que, pour la première fois de sa vie, elle a ressenti le jour de l'adoption de la « loi Paola Buenrostro ». La loi pouvait être protectrice. Elle pouvait être du côté des sans-voix. Kenya parle enfin du séisme antitrans à Washington. Elle ne craint pas de secousses de l'autre côté du Rio Grande, en terre mexicaine. La présidente Scheinbaum, qui bénéficie d'une majorité confortable, défend les minorités sexuelles et de genre. Et Donald Trump est devenu, à cause des *tariffs* et des migrants, un tel repoussoir que le mouvement spontané des Mexicains est de prendre le contrepied de ses politiques.

La lente émergence de la question intersexe

En mai 2023, je suis invité à ouvrir le sommet européen de l'Organisation intersexe internationale. Cette conférence se tient à Paris. C'est la première depuis le Covid. L'occasion pour des militants intersexes de toute l'Europe de se retrouver et de faire un point sur leur action. C'est mon premier contact avec eux. En entrant dans la salle de cinéma qui doit accueillir les discussions, je suis surpris par l'atmosphère qui règne dans ce lieu. La salle est silencieuse. Les uns et les autres cherchent leur place, se saluent, échangent des regards, murmurent quelques paroles, dans un climat de tranquille politesse. Ce sentiment de calme et d'aménité ne me quittera plus. Je resterai là quelques heures à écouter les témoignages, les débats, les explications. Les paroles critiques, les revendications ne manqueront pas, mais toujours exprimées avec un ton de modération et un sens des nuances qui leur donnent plus de force. On décrit les situations, le poids des mentalités, les insuffisances du droit, mais en se tenant à l'abri des polémiques et de l'esprit de victimisation. Étrange, car il n'est guère de destin plus douloureux que celui des intersexes.

Cette question est très largement méconnue du public. Quand on croit la connaître, on la considère le plus souvent à travers le miroir déformant des mythes ou des clichés médiatiques. Mythes de l'androgynie primitive et de l'hermaphrodisme. Clichés de la femme à barbe ou de la boxeuse aux allures masculines. Les définitions, ici plus qu'ailleurs, sont importantes. Elles se doivent d'être précises. Celle des Nations unies est généralement bien acceptée : les personnes intersexes sont celles « dont les caractéristiques physiques ou biologiques, telles que l'anatomie sexuelle, les organes génitaux, le fonctionnement hormonal ou le modèle chromosomique, ne correspondent pas aux définitions classiques de la masculinité et de la féminité. Ces caractéristiques peuvent se manifester à la naissance ou plus tard dans la vie, souvent à la puberté ».

Être intersexe, c'est donc naître et/ou grandir dans un corps qui ne cadre pas avec les normes du masculin et du féminin. Cela peut être une question d'anatomie : présence simultanée d'un vagin et de testicules, absence d'utérus, pénis de la taille d'un clitoris, etc. Cela peut être une question d'hormones : taux élevé de testostérone chez une fille, entraînant forte pilosité, absence de règles ou large carrure, taux élevé d'œstrogènes chez un garçon, cause du développement de la glande mammaire, d'une diminution de la pilosité ou du volume musculaire… L'intersexuation, comme le souligne la définition des Nations unies, peut avoir des origines chromosomiques – un mélange de chromosomes XXY ou un seul chromosome X (XO) par exemple –, sans que cela soit toujours le cas, les personnes intersexes pouvant avoir des chromosomes XX ou XY comme la plupart des personnes humaines.

L'intersexuation recouvre donc une gamme étendue de situations. C'est une large constellation de personnes, plus large d'ailleurs qu'on ne l'imagine. Selon les estimations, les personnes intersexes pourraient représenter entre 1 et 2 % de la population. La majorité d'entre elles, cependant, ne présentent pas une variation des organes génitaux ou reproducteurs, mais seulement des caractéristiques sexuelles secondaires d'origine hormonale comme la stature, la musculature, la pilosité. Beaucoup ne développent aucune « ambiguïté » visible, et ne se considèrent d'ailleurs pas comme « intersexes ». 1 à 2 %, c'est en tout cas la même proportion que les personnes rousses dans la population. Par leur simple existence, les personnes intersexes contredisent l'affirmation selon laquelle il n'y aurait que deux sexes, masculin et féminin. « Il y a plus de choses dans le ciel et sur la terre, écrivait Shakespeare, que n'en imagine votre philosophie. »

L'une des plus grandes championnes de l'histoire de l'athlétisme, Stella Walsh, fait partie des intersexes célèbres. Polonaise émigrée aux États-Unis au début du XXe siècle, elle court sous les couleurs de son pays d'origine aux JO de Los Angeles en 1932. Elle remporte la médaille d'or du 100 mètres féminin en battant le record du monde sur cette distance. Un record qu'elle améliorera à trois reprises au cours de ces années 1930. Cette légende du sport, couverte de médailles, de prix et d'honneurs, est décrite comme un « garçon manqué » par la presse de l'époque. Tout au long de sa carrière, elle doit faire face aux incessantes rumeurs sur son genre. Stella Walsh avait une paire de chromosomes XY dans la majorité de ses cellules, mais certaines d'entre elles présentaient une monosomie du chromosome X. Cette identité intersexe n'a été révélée qu'après sa mort tragique en 1980. Cette étoile du sport figure toujours, fort heureusement, au palmarès des JO.

L'intersexuation est un fait biologique, un fait de nature. Ce n'est pas une pathologie, une maladie dont il faudrait guérir. La santé, dans la grande majorité des cas, n'est pas menacée par une variation des caractéristiques sexuelles. Ce n'est pas non plus une anomalie, un dysfonctionnement qui devrait être corrigé. La nature produit une variété de formes, toutes parfaites en elles-mêmes et que seule la comparaison avec la norme statistique fait apparaître comme un écart.

Pendant assez longtemps, on a utilisé le terme d'« hermaphrodisme », vulgarisé par la médecine du XIXe. Le mot est poétique, mais il n'est pas approprié. Il suppose, comme le dit Dan Christian Ghattas, directeur exécutif de l'Organisation intersexe européenne, que nous aurions affaire à « des êtres mi-mâles, mi-femelles, avec un double appareil génital fonctionnel ». Ce n'est pas le cas. L'hermaphrodisme existe bien dans la nature. Certaines plantes à fleurs, et même certains animaux comme les coquilles Saint-Jacques, sont dotés d'organes sexuels femelle et mâle qui leur donnent la faculté de se reproduire seuls. Rien de tel dans le règne humain. Aucun individu ne dispose d'un matériel génétique à la fois féminin et masculin lui permettant une autofécondation ou une reproduction à la fois comme homme et comme femme. C'est donc à juste titre que la communauté scientifique et les autorités publiques ont renoncé à ce mot d'« hermaphrodisme » pour lui préférer celui d'« intersexuation » ou de « variation des caractéristiques sexuées ».

Une autre erreur est d'assimiler l'ensemble des personnes intersexes à des personnes trans ou homosexuelles. Leur identité de genre et leur orientation sexuelle sont en réalité aussi variées que celles des individus dont le corps correspond aux normes du masculin et du féminin. Elles peuvent se reconnaître comme femmes, comme hommes, comme non-binaires ou même agenre. Un quart d'entre elles, en Europe, s'identifieraient comme non-binaires[1]. Elles peuvent vouloir faire une transition, ou se trouver à l'aise avec le genre qui leur a été assigné à la naissance. Elles peuvent être hétérosexuelles, homosexuelles, bisexuelles, ou avoir une autre orientation. Au fond, il y a chez les personnes intersexes autant de manières d'aimer et d'être qui l'on est que dans le reste de la population.

Toutefois, les personnes intersexes, parce qu'elles n'entrent pas dans les classifications habituelles du genre, se trouvent socialement dans une situation comparable à celle des autres personnes queer. Comme les Juifs qui se

1. Étude de l'Agence des droits fondamentaux de l'UE, 2020 : https://fra.europa.eu/en/publication/2020/eu-lgbti-survey-results

découvrent tels dans le regard des antisémites, les intersexes se découvrent LGBT+ dans celui des homophobes. Certes, lorsque leur apparence ne s'écarte pas trop des normes, ils et elles peuvent passer inaperçus. Mais quand leur corps est marqué du sceau visible de l'ambiguïté, ces personnes font face au jugement hostile de la société. Au harcèlement, aux discriminations, aux violences. Les données les plus fiables pour mesurer cette hostilité concernent l'Union européenne[1]. En 2019, la moitié des personnes intersexes en Europe disaient avoir été victimes de violences physiques ou sexuelles, alors que la proportion était de 25 % pour l'ensemble des personnes LGBT+. Plus de 60 % d'entre elles déclaraient avoir été harcelées et un tiers indiquaient avoir fait l'objet de discrimination dans le logement, l'emploi ou le milieu scolaire et universitaire. La majorité des personnes intersexes disait rencontrer des difficultés à accéder aux soins de santé, souffrir de décrochage scolaire, vivre dans la précarité financière et l'isolement social (plus de 80 % de célibataires). Au final, elles étaient plus nombreuses que la moyenne des personnes LGBT+ à se déclarer insatisfaites de leur vie. Cette situation n'empêche pas les personnes intersexes d'exceller dans de nombreux domaines. Mais, dès qu'elles sont exposées au regard du public, elles doivent faire face à des épreuves humiliantes. C'est le cas de Caster Semenya. L'athlète sud-africaine, double championne olympique du 800 mètres, présente un excès naturel

1. Données de l'Agence des droits fondamentaux de l'Union européenne.

d'hormones sexuelles mâles. Elle livre depuis plus de dix ans un bras de fer à la Fédération internationale d'athlétisme pour pouvoir concourir sans avoir à passer par un traitement visant à faire baisser son taux de testostérone.

Au-delà de cette hostilité qui les frappe au même titre que les autres personnes LGBT+, les personnes intersexes font face à des dangers tout à fait particuliers auxquels elles seules sont confrontées. Un de ces dangers porte un nom hideux, sorti de la nuit des temps : l'infanticide. Dans un certain nombre de contrées, en Afrique et en Asie notamment, la naissance d'un enfant intersexe continue d'être perçue comme un mauvais présage, un événement qui annonce des malédictions pour la famille. Nous savons, même si nous ne disposons pas de statistiques, que cela conduit à des abandons d'enfants et à des meurtres. Des cas ont encore été recensés ces dernières années dans certaines régions rurales du Kenya. Des femmes chargées d'accouchements traditionnels ont témoigné que les parents leur demandaient de tuer les enfants ayant des attributs sexuels à la fois masculins et féminins. Dans certains cas, ce sont les accoucheuses elles-mêmes qui prendraient l'initiative des infanticides[1]. Fort heureusement, le développement des naissances à l'hôpital et la mobilisation des autorités kenyanes, très engagées sur ce sujet, permet de lutter contre ces pratiques monstrueuses.

Un autre danger menace les personnes intersexes. Ce sont les interventions médicales réalisées sur elles et à leur

1. https://www.bbc.com/news/world-africa-39780214

insu durant leur enfance afin de modifier leurs caractéristiques sexuelles. Cette pratique remonte aux années 1950. Née aux États-Unis, elle s'est répandue comme une traînée de poudre dans le monde développé. Elle consiste à opérer les bébés intersexes pour donner une apparence « normale » à leurs organes génitaux. En chirurgie, il est plus facile d'enlever que d'ajouter. Aussi les médecins ont-ils massivement choisi de faire de ces bébés des filles. Pendant des décennies, des milliers de nourrissons ont subi ces opérations, avant d'être soumis à de lourds traitements hormonaux. Les médecins s'y sont rapidement habitués. Ils y ont vu une manière de répondre à l'angoisse des parents qui doivent accueillir un bébé différent des autres. Sauf qu'aujourd'hui, ces actes sont de plus en plus assimilés à des mutilations sexuelles. C'est le point de vue du Haut-Commissariat aux droits de l'Homme des Nations unies, du Parlement européen ou du Conseil de l'Europe. C'est, surtout, la position des personnes concernées elles-mêmes. La première demande du mouvement intersexe international est en effet l'arrêt de ces opérations, à l'exception bien sûr de celles qui sont motivées par une urgence vitale.

C'est une question de principe, de droits de l'Homme. Opérer le corps d'une personne en bonne santé pour en modifier l'apparence sans que celle-ci y ait consenti constitue une violation de ses droits fondamentaux. De son droit à l'intégrité physique. De son droit à la liberté et à la sûreté de la personne. De son droit à la vie privée. De son droit de ne pas être discriminé. C'est aussi une question de santé, physique et mentale. La « chirurgie de normalisation », réalisée sur des enfants incapables de donner leur consentement, laisse des séquelles irréversibles sur le corps et l'âme. Le catalogue de ces répercussions donne le vertige : douleurs chroniques, infections, stérilité, insensibilité sexuelle, traumatismes psychologiques, états de dépression, anxiété, défiance et ressentiment vis-à-vis des médecins, des parents, de la société en général. La chirurgie sensée aider les personnes à avoir une vie normale accroît leur vulnérabilité. Elle est massivement rejetée par les personnes ayant subi de telles pratiques, qui représentent en Europe un quart de l'ensemble des personnes intersexes.

La bonne nouvelle est que, depuis une vingtaine d'années, dans de nombreux pays et au sein des organisations internationales, la prise de conscience de la question intersexe progresse. On comprend de mieux en mieux les problèmes auxquels cette communauté est confrontée. Certains États n'hésitent pas à améliorer leur cadre légal et leur politique pour lui assurer une meilleure protection. Les personnes intersexes reviennent de très loin, mais elles bénéficient maintenant d'une dynamique positive. Le fait que l'intersexuation soit un fait biologique favorise une forme de bienveillance, y compris dans le public conservateur. Les enfants qui héritent à la naissance d'attributs sexuels ambigus n'y sont pour rien. Ils n'ont pas choisi d'être ce qu'ils sont. C'est bien sûr le cas aussi des homosexuels et des personnes trans, mais l'opinion conservatrice a du mal à s'en persuader.

Pour l'instant, 12 États ont décidé de s'attaquer aux interventions médicales réalisées sans le consentement préalable, libre et éclairé des personnes intersexes. Six d'entre eux – Kenya, Chili, Colombie, Israël, France, Albanie – ont pris des dispositions législatives ou réglementaires pour limiter cette pratique. La France, par exemple, s'est dotée d'un arrêté qui restreint et encadre de façon stricte les opérations. Six autres pays ont fait le choix d'une interdiction en bonne et due forme. Ce sont l'Allemagne, la Grèce, Malte, l'Islande, le Portugal et l'Espagne. Malte et la Grèce ont même prévu des sanctions pour les médecins ou toute autre personne qui ne respecteraient pas la loi. Il reste donc 181 pays qui ne protègent pas l'autonomie et l'intégrité corporelle des personnes intersexes, mais tous ne pratiquent pas, fort heureusement, la « chirurgie de normalisation ».

Par ailleurs, 23 États se sont dotés de dispositions spécifiques pour s'assurer que les droits fondamentaux des personnes intersexes sont respectés, en particulier contre les discriminations. La majorité sont des pays européens. On retrouve les États traditionnellement ouverts à la diversité sexuelle et de genre : Islande, Malte, Espagne, Danemark, Portugal, Belgique, Finlande, Pays-Bas. Mais aussi des pays des Balkans : Grèce, Albanie, Serbie, Bosnie-Herzégovine, Monténégro, ainsi qu'Andorre. Dans la région Asie-Pacifique, trois pays mentionnent également de façon explicite les personnes intersexes dans leur législation anti-discrimination : l'Inde, le Pakistan, l'Australie. Sur le continent américain, ce sont quatre États : les États-Unis, le Chili, la Colombie, le Costa Rica. Enfin, en Afrique, deux pays : l'Afrique du Sud et le Kenya. Dans une soixantaine d'autres États, il existe des protections légales contre les discriminations fondées sur l'orientation sexuelle ou le genre qui peuvent permettre de protéger les personnes intersexes. C'est le cas par exemple de la France qui interprète le motif lié au « sexe » ou au « genre » dans ses lois anti-discrimination en incluant les personnes intersexes.

La situation des intersexes dans le monde dépend également de la souplesse plus ou moins grande de leur pays concernant leur assignation à un sexe ou un genre à l'état civil. La plupart d'entre eux s'identifient comme femmes ou hommes, mais une proportion non négligeable ne se reconnaît pas dans l'un de ces deux genres et revendique le droit d'être enregistré à l'état civil comme « non-binaire », d'un « autre genre » ou « indéterminé ». La disparition de la mention du genre dans les papiers officiels est parfois présentée comme une option alternative, mais elle se heurte à l'attachement profond de la majorité de la population aux identités masculine et féminine, attachement partagé, au demeurant, par une partie de la communauté intersexe. Nombre d'intersexes se trouvent par ailleurs dans la position de vouloir changer leur identification au genre masculin ou féminin. Cela est fréquent lorsque leurs caractéristiques sexuelles ont été chirurgicalement corrigées sans leur consentement et ne correspondent pas à leur ressenti profond. Aussi demandent-ils que la procédure de changement de genre soit facilitée via une procédure administrative simplifiée. En fait, ils réclament la faculté de s'auto-identifier.

Les personnes intersexes bénéficient d'un environnement favorable dans les pays qui autorisent cette auto-identification. Il y en a aujourd'hui une vingtaine. Ce sont surtout des pays d'Europe (Belgique, Luxembourg, Suisse, Danemark, Norvège, Finlande, Irlande, Islande, Espagne, Portugal, Malte), des Amériques (Brésil, Argentine, Colombie, Équateur, certains États du Mexique, des États-Unis et du Canada) et d'Asie-Pacifique (Inde, Népal, Nouvelle-Zélande et certains États d'Australie). Il faut y ajouter au moins 5 pays qui, sans avoir l'auto-identification, ont considérablement allégé les procédures de reconnaissance légale de la transition, comme la France, la Grèce ou le Chili.

Les personnes intersexes se considèrent aussi mieux reconnues dans les États autorisant un marqueur de genre non binaire. Ils sont une vingtaine à ce jour, huit dans les Amériques (Mexique, Brésil, Argentine, Chili, Colombie, Costa Rica, Canada, certains États des États-Unis), sept en Europe (Malte, Allemagne, Danemark, Portugal, Autriche, Islande, Pays-Bas), cinq en Asie (Inde, Pakistan, Népal, Australie, Nouvelle-Zélande) et un en Afrique (Kenya). Aux États-Unis, Joe Biden avait permis l'utilisation d'un marqueur de genre X sur les documents fédéraux. Si elle a été annulée par Donald Trump, cette option reste possible dans un certain nombre d'États fédérés qui ont en réalité plus de compétence d'état civil que l'étage fédéral.

Les développements favorables aux personnes intersexes dans nos différents États sont encouragés par les organisations et les juridictions internationales comme régionales. Il y a une vingtaine d'années encore, les institutions des Nations unies, de l'Union européenne, du Conseil de l'Europe ou de l'Organisation des États américains ne savaient pas trop quoi dire sur la question intersexe. Elles restaient muettes ou se contentaient de vagues et prudentes suggestions concernant les interventions médicales non consenties. Les choses ont changé et un consensus émerge. Au fil des rapports, des déclarations ou des recommandations, elles appellent aujourd'hui avec fermeté à interdire ces pratiques et à prendre en compte les droits de toutes les personnes présentant une variation des caractéristiques sexuelles.

J'ai pu participer, au nom de la France, à certaines avancées récentes. En 2024, la France a été à la manœuvre pour convaincre le maximum de pays de voter la première résolution des Nations unies sur ce sujet. Cette résolution historique, adoptée le 4 avril 2024 au Conseil des droits de l'Homme à Genève, dénonce les discriminations et violences subies par les personnes intersexes. Elle appelle à mettre un terme aux interventions médicales « inutiles ». C'est une grande victoire, car telle est désormais la position de la communauté internationale, opposable aux États par les sociétés civiles. En outre, la résolution oblige les Nations unies à produire un rapport mondial sur la question intersexe. Ce sera un moyen d'objectiver les problèmes et d'inciter à l'action. Un mois plus tard, en mai 2024, je participe à La Haye à une réunion de tous les pays du Conseil de l'Europe sur la situation des personnes intersexes. J'y retrouve, parmi les experts, le directeur exécutif de l'Organisation internationale des intersexués Europe, Dan Christian Ghattas, dont l'esprit de finesse fait des merveilles. L'objectif est d'élaborer des recommandations qui seront portées par le Comité des ministres, l'instance de décision du Conseil.

Le texte, auquel a contribué un autre talent, celui de l'universitaire français Benjamin Moron-Puech, est ambitieux. Sur l'interdiction de la chirurgie de normalisation, sur les enjeux d'état civil, sur la protection contre les discriminations et les violences, il propose des objectifs exigeants. Son adoption, en cours d'examen au moment où j'écris ces lignes, devrait permettre de poser de nouveaux jalons et de faire mieux respecter la dignité des personnes intersexes. Le progrès est lent, mais continu.

Quand je me remémore aujourd'hui la conférence de mai 2023 à Paris, moment de ma première rencontre avec les militants intersexes, je comprends mieux l'impression de concorde et de modération qui m'avait surpris. La communauté intersexe est une grande famille où se mêlent des identités, des orientations et des opinions très différentes. Un tel est non binaire. Telle autre personne est attachée à son identité de femme hétérosexuelle. Un autre encore se définit comme trans. C'est une pléiade de singularités. Autant d'idées du bien qu'il y a d'expériences du monde. Il n'est donc pas d'autre choix que le dialogue et l'écoute. Le respect des opinions différentes. La modération dans l'expression de ses propres idées. La recherche patiente de propositions consensuelles. L'esprit de complexité.

Il y a sans doute une autre explication à ce ton de modération qui accompagne le mouvement intersexe, par ailleurs très ferme dans ses revendications. Ce mouvement, encore une fois, connaît une dynamique favorable. Il engrange régulièrement des avancées, même si le chemin semble encore long. Il trouve des soutiens dans toutes les composantes de la population, y compris les plus conservatrices. Le Kenya, qui réprime les homosexuels et les trans, protège les intersexes. Le Botswana, où je me suis rendu fin 2024, a envisagé de leur offrir une protection de niveau constitutionnel, mes interlocuteurs m'expliquant que l'intersexuation était mieux acceptée en raison de son fondement biologique évident.

Les idées du corps médical, des politiques et des institutions internationales sur l'intersexuation évoluent dans le bon sens. Cela nous autorise à nourrir un optimisme raisonnable. « Raisonnable », car la prudence reste de mise. Si la contre-révolution conservatrice concentre ses foudres sur les personnes trans et ne s'en prend pas directement aux intersexes, nous ne sommes pas à l'abri des « balles perdues ». Les champions des valeurs traditionnelles sont obsédés, au-delà de la transidentité, par la binarité. Trump, le jour de son investiture, proclame qu'il n'y a que deux sexes, masculin et féminin, et que l'on ne peut pas en changer. Cela revient aussi à nier l'existence des intersexes. Dans la foulée, le nouveau président supprime la possibilité de s'identifier au genre neutre dans les documents fédéraux. Une faculté dont beaucoup de personnes intersexes s'étaient emparées et pour lesquelles elle constituait un progrès. Enfin, dans leur chasse aux femmes trans dans le sport, les nouveaux conservateurs visent souvent sans le savoir des intersexes, en général des femmes pourvues d'organes génitaux féminins mais ayant un taux élevé de testostérone. Il faut dénoncer cette cabale. Pourquoi reprocher à une femme ses caractéristiques hormonales alors qu'on ne lui fait pas le reproche, si ses traits sont « féminins », d'avoir une taille ou un poids bien au-dessus de la moyenne ?

Sur cette question comme sur les autres, il importe de rester lucide et vigilant. Les antiques préjugés n'ont pas disparu et la vague conservatrice, qui ne fait pas dans la dentelle, frappe aveuglément tout ce qui s'écarte de la norme. En ces temps troublés, il nous faut plus que jamais protéger les personnes intersexes. Pour elles-mêmes : le droit à la liberté et au bonheur ne se divise pas. Mais aussi pour l'ensemble de la société. Les personnes intersexes nous interrogent sur notre propre identité. C'est peut-être la raison pour laquelle elles exercent depuis toujours cette forme de fascination. Elles sont la preuve vivante, par les cas limites, de la complexité des rapports entre le masculin et le féminin. Elles nous dissuadent d'opposer de façon trop absolue les femmes et les hommes, de réduire les uns à la masculinité, les autres à la féminité. Elles nous invitent à penser le genre comme un nuancier, un continuum. À nous méfier de toute forme d'essentialisation sexuelle. À nous déprendre des idées trop rigides que nous aimons à entretenir sur nous-mêmes. Femmes et hommes, nous faisons partie de la même espèce, et ce que nous avons en commun est aussi important que ce qui nous sépare. Cela sonne comme une évidence. Une évidence qu'occultent pourtant des siècles d'habitudes et que le « bon sens », cette construction sociale, continue trop souvent de soustraire à notre regard.

La longue route vers le mariage pour tous

En mars 2024, je suis à Bangkok à l'invitation du Parlement thaïlandais. Les députés de ce pays discutent d'un projet de loi sur l'égalité devant le mariage. Pour éclairer leurs travaux, ils ont choisi la France et sa loi de 2013 sur le mariage pour tous. Je suis accompagné d'une dizaine de juristes français. Christiane Taubira, qui a porté le projet de loi en France, en tant que ministre de la Justice, participe à nos échanges en visioconférence.

Nous expliquons les raisons, juridiques et politiques, pour lesquelles notre pays a fait le choix d'étendre le mariage aux personnes de même sexe. Quelles étapes avaient dû être franchies pour parvenir à ce dénouement historique. Quel progrès, en ouvrant la possibilité de la filiation, le mariage représentait par rapport au Pacs adopté en 1999. Combien l'opposition à cette loi avait été dure, parfois violente, non seulement au Parlement et dans les médias, mais aussi dans la rue où La Manif pour tous avait mobilisé des centaines de milliers de personnes. À quel point, dix ans plus tard, la loi est finalement considérée comme un acquis par la quasi-totalité de la société française et des partis politiques. Enfin, comment elle a radicalement changé la vie des personnes homosexuelles, désormais reconnues à égalité, et renforcé dans notre pays la valeur de la famille, qui se décline aujourd'hui au pluriel.

Au fil de nos discussions, une double surprise. La première : la société thaïlandaise n'est pas aussi clivée que ne l'était la société française en 2013. Le débat à Bangkok se passe dans le calme et le cheminement du projet de loi, soutenu par le Premier ministre et l'ensemble des partis de sa coalition, y compris les plus conservateurs, ressemble à une formalité. Rien à voir avec l'atmosphère de guerre civile que nous avons pu connaître en France. Christiane Taubira, qui avait dû recevoir une protection policière en 2013 à la suite des menaces dont elle était la cible, n'en revient pas. Il faut dire que 8 Thaïlandais sur 10 sont favorables à l'ouverture du mariage aux homosexuels. Ils seront près de 99 % au mois de juin de la même année, à la veille du vote de la loi au Sénat. En France, les opinions favorables ne se situaient qu'à un peu plus de 50 % au moment où les débats faisaient rage au Parlement. Une différence considérable. Il faut y voir l'influence des paramètres culturels et religieux. Le bouddhisme, religion majoritaire en Thaïlande, ne condamne pas l'homosexualité. Ses textes sont parfaitement muets sur la question. Le Bouddha et ses disciples ne rejettent que les actions causant la souffrance, à soi ou à autrui. S'ils prônent une conduite sexuelle éthique, faite de maîtrise du désir et de respect du partenaire, ils sont assez indifférents à l'identité de ce dernier. Et ils préféreront toujours un homosexuel tempérant et fidèle... à un hétérosexuel insatiable et volage.

La seconde surprise est que le mariage pour tous s'apprête à être adopté alors même que le cadre légal pour la protection des personnes LGBT+ est quasi inexistant en Thaïlande. Ainsi, il n'existe pas dans ce pays de loi contre les discriminations couvrant les actes anti-LGBT+. Cela semble contre-intuitif. En Europe comme dans les pays d'Amérique, le combat pour les droits des personnes LGBT+ s'est inscrit dans une chronologie que nous pensions universelle, à tout le moins logique. On s'est d'abord battu pour la dépénalisation de l'homosexualité. On s'est ensuite mobilisé pour interdire les discriminations et obtenir des circonstances aggravantes pour les crimes et délits commis en raison de l'orientation sexuelle. Plus tard est venu le temps du Pacs, dans le sillage des années sida. Et enfin, comme une sorte de couronnement, celui du mariage, avec cette particularité que, pendant assez longtemps dans notre société post-1968, le mariage a faiblement intéressé une composante non négligeable des homosexuels. Ces derniers voyaient souvent leur vie comme une sorte de transgression des normes bourgeoises, notamment de la famille. Se marier revenait à rentrer dans le rang, se soumettre à l'ordre patriarcal, renoncer à une transformation radicale de la société.

Rien de tel en Thaïlande. Quand j'interroge les ONG pro-LGBT+ du pays sur leurs revendications, elles me répondent que la toute première est le mariage. Je ferai le même constat dans les pays voisins d'Asie du Sud-Est, en particulier au Cambodge, où le mariage est encore loin d'être acquis, mais où il est très clairement l'objectif principal des activistes, celui qui arrive avant tous les autres. Ce constat, je le ferai aussi à Hong-Kong ou au Japon où l'insistance sur ce sujet me laissera stupéfait. La vérité est que l'on a affaire à des pays où le rôle de la famille est absolument central. Une très forte pression s'y exerce sur chaque personne pour qu'elle se marie, fasse des enfants et perpétue le nom de ses ancêtres. En Thaïlande, comme dans beaucoup de pays de la région, un individu n'est rien s'il ne fonde pas une famille. D'une certaine façon, chacun existe à travers l'institution familiale et tire de cette dernière sa valeur et sa dignité. Le mariage est un passage obligé.

Le 27 mars 2024, quelques jours seulement après notre séjour à Bangkok, la loi sur le mariage pour tous est adoptée par les députés de Thaïlande. Sur 500 voix, seules 10 manquent à l'appel. Le 18 juin 2024, c'est au tour des sénateurs d'approuver le texte, avec 130 voix sur 152. Le 24 septembre, le roi Rama X peut alors promulguer la nouvelle loi, qui entrera en vigueur en janvier de l'année suivante.

La Thaïlande devient ainsi, en cette année 2024, le 3e pays asiatique, après Taïwan et le Népal, à ouvrir l'institution fondamentale du mariage aux homosexuels. C'est surtout le premier des grands pays d'Asie à s'engager dans cette voie. C'est un signal puissant adressé à tous les États de la région, une décision historique qui pourrait avoir un effet de contagion en Asie du Sud-Est et au-delà. Et c'est la démonstration que le mouvement de diffusion du mariage pour tous se poursuit dans le monde. La même année, en Europe, trois autres pays franchissent d'ailleurs le pas. C'est la Grèce, premier pays à majorité orthodoxe, l'Estonie, premier État de l'ex-Union soviétique, et le Liechtenstein, qui se décide finalement à suivre l'exemple de ses voisins suisse et autrichien.

Au moment où j'écris ces lignes, le mariage pour tous s'est étendu à 38 pays. Si l'on ajoute les 12 États qui, à défaut de mariage, proposent une forme d'union civile, cela veut dire qu'un pays sur quatre dans le monde offre dorénavant une protection légale aux couples de même sexe. En un quart de siècle, la marche vers l'égalité a donc été d'une extraordinaire rapidité. Mais la réalité est que la dynamique enclenchée en 2001 par les Pays-Bas concerne surtout les continents européen et américain. La Thaïlande, le Népal et Taïwan restent des exceptions dans leur environnement régional. C'est en Europe et dans les Amériques que l'on trouve la grande majorité des États – 42 sur 50 – qui ont reconnu aux homosexuels le droit d'avoir une famille.

Et d'abord en Europe. Au sein de l'Union européenne, le mariage entre personnes de même sexe est désormais une réalité dans 16 États sur 27, soit la majorité des États membres. Et puisque 6 pays offrent l'union civile, ce sont 22 États sur 27 qui accordent une protection juridique.

Sur cette grande question de société, la frontière entre l'ouest et l'est de l'Europe n'a pas tout à fait disparu. La majorité des États – 13 sur 16 – ayant ouvert le mariage se trouvent à l'ouest du continent. Les Pays-Bas ont initié le mouvement en 2001. La Belgique a suivi deux ans plus tard, puis l'Espagne en 2005. Entre 2009 et 2013, ce furent le tour de la Suède, du Portugal, du Danemark, puis de la France. Entre 2015 et 2019, ce sont le Luxembourg, l'Irlande, la Finlande, Malte, l'Allemagne, puis l'Autriche qui ont sauté le pas. L'Italie, dans cet ensemble géographique, fait exception : le pays n'a pas ouvert le mariage, mais offre néanmoins un partenariat civil aux couples homosexuels.

La frontière Est-Ouest tend cependant à se réduire : Slovénie (juillet 2022), et donc Estonie (janvier 2024) et Grèce (février 2024), ont récemment rejoint le groupe des pays proposant le mariage pour tous. La Croatie, la Hongrie, la République tchèque, Chypre, la Lettonie n'ont certes pas adopté le mariage, mais autorisent des unions civiles.

Les pays de l'Union européenne qui ne proposent aucune protection légale aux couples de même sexe sont la Lituanie, la Pologne, la Slovaquie, la Roumanie et la Bulgarie. Mais la Pologne, depuis le retour au pouvoir de Donald Tusk, a le projet de présenter une loi instaurant l'union civile. Si ce projet risque de se heurter au véto du président, elle a désormais sur ces sujets sociétaux un agenda positif.

Lorsque nous portons au-delà notre regard, sur les pays européens n'appartenant pas à l'Union européenne, nous retrouvons la différence Est-Ouest : la Suisse, le Royaume-Uni, la Norvège, l'Islande, Andorre ont adopté le mariage, Saint-Marin et Monaco une forme de Pacs, tandis que les Balkans occidentaux, l'Ukraine, la Turquie, le Caucase et la Russie n'offrent aucune protection légale. Le Monténégro, désireux d'élever ses standards d'État de droit pour hâter son entrée dans l'Union européenne, fait exception en Europe du Sud-Est et propose d'ores et déjà l'union civile.

La dynamique de reconnaissance des personnes LGBT+ sur notre continent, nous l'avons vu, est le résultat de la modernisation de nos sociétés – sécularisation, consolidation de l'État de droit et de la démocratie, développement économique – qui les conduit à accorder une valeur croissante à l'individu, à ses droits et libertés.

Le cadre de l'Union européenne, en renforçant l'émulation entre États, joue aussi un rôle d'accélérateur, même si Bruxelles n'a pas de compétence en la matière. Il suffit que le mariage pour tous soit adopté dans un pays pour que ses voisins se posent la question de son adoption. Mais, plus encore que l'Union européenne, c'est le Conseil de l'Europe, en particulier la Cour européenne des droits de l'Homme, qui ont une influence décisive. La Cour de Strasbourg a développé sur les questions LGBT+ une jurisprudence progressiste. Depuis le début des années 2010, elle a systématiquement condamné, dans les contentieux qui étaient portés à sa connaissance, les États qui refusaient d'accorder une protection légale aux couples de même sexe, c'est-à-dire soit le mariage, soit une union civile. En 2013, elle a condamné la Grèce contre laquelle deux de ses ressortissants, Grigoris Vallianatos et Nikolaos Mylonas, avaient porté plainte au motif que leur couple, en l'absence de protection légale, était discriminé. En 2015, c'est contre l'Italie que la Cour européenne des droits de l'Homme a rendu un arrêt historique, donnant raison à trois couples homosexuels – MM. Oliari et A., MM. Felicetti et Zappa, MM. Cippo et Zaccheo – qui réclamaient la reconnaissance de leurs droits. C'est sous l'influence de cette haute juridiction que la Grèce, l'Italie, mais aussi la République tchèque ou la Croatie, ont adopté un partenariat civil. Son impulsion est capitale.

L'autre pôle de diffusion du mariage égalitaire, après l'Europe, est le continent américain. 11 des 38 pays ayant le mariage pour tous sont des États d'Amérique. Il s'agit des trois grands pays nord-américains – États-Unis, Canada, Mexique – et de huit importants États d'Amérique du Sud, d'Amérique centrale et des Caraïbes – Argentine, Chili, Brésil, Uruguay, Colombie, Équateur, Costa Rica, Cuba. La Bolivie, de son côté, offre l'union civile, et le Pérou reconnaît les mariages qui ont été célébrés dans d'autres pays.

Comme en Europe, c'est l'apparition d'une société d'individus, sous l'influence du processus de modernisation économique et du progrès de la démocratie, qui permet ces avancées. Dans un certain nombre de pays d'Amérique latine, comme l'Argentine, le Chili, l'Uruguay et le Brésil, un facteur plus spécifique est à l'œuvre. Les avancées y sont facilitées par l'existence de forces de gauche très puissantes et s'inscrivent dans un mouvement général de libération des mœurs consécutif, à l'instar de ce que l'on a vu en Espagne, de la chute de dictatures militaires très conservatrices sur le plan moral. Ici comme ailleurs, nous vérifions la loi du balancier : quand celui-ci penche un peu trop loin dans un sens, il faut s'attendre à une oscillation à peu près équivalente en sens inverse. Videla, Pinochet ou Castelo Branco, comme Franco, ont rendu haïssable le projet de défendre les valeurs traditionnelles et jeté des pans entiers de leur société dans une recherche ardente des droits et des libertés individuelles.

Comme en Europe, le mouvement est encouragé par la Cour régionale des droits de l'Homme, en l'occurrence la Cour interaméricaine des droits de l'Homme de l'Organisation des États américains (OEA), qui exhorte les pays d'Amérique à adopter le mariage entre personnes de même sexe. L'Équateur et le Costa Rica ont ainsi avancé sous la pression de cette juridiction. On notera d'ailleurs que la Cour interaméricaine est plus progressiste que son homologue européenne. Cette dernière ne demande aux États que de se doter d'une « protection légale ». Elle leur laisse le choix – affaire de souveraineté – entre mariage et union civile. La Cour interaméricaine va plus loin : elle appelle directement au mariage et condamne tous les États qui ne l'ont pas encore adopté.

Toutefois, ces acquis semblent plus fragiles de l'autre côté de l'Atlantique. Les sociétés sont plus polarisées, parfois déchirées, comme aux États-Unis et au Brésil, par la confrontation entre progressistes et conservateurs. Le niveau de la violence anti-LGBT+ y est plus élevé et quelques pays n'ont toujours pas dépénalisé l'homosexualité. Tout se passe comme si les mentalités étaient en retard sur les lois, comme si les populations n'étaient pas toujours aussi progressistes sur les questions sociétales que ne le sont leurs gouvernements de gauche.

Dans les autres aires géographiques, le mariage pour tous reste rare. En dehors de l'Europe et des Amériques, seuls six États l'ont adopté : deux en Océanie – Australie, Nouvelle-Zélande –, trois en Asie – Taïwan, Népal, et donc Thaïlande –, un en Afrique – l'Afrique du Sud. Quant à l'union civile, elle est proposée par Israël, qui reconnaît aussi les mariages contractés à l'étranger. Elle est expérimentée par le Japon à l'échelle de ses municipalités : plus des deux tiers d'entre elles, dont celle de Tokyo, offrent la possibilité de « partenariats enregistrés » aux couples homosexuels. Moins connu : des « mariages traditionnels » entre personnes de même sexe sont célébrés chaque année depuis des temps immémoriaux dans les campagnes du Cambodge, où l'acceptation de la diversité sexuelle et de genre paraît plus élevée que dans les grandes métropoles du pays.

Le cas de l'Afrique du Sud est évidemment intéressant. C'est le seul pays du continent africain à avoir adopté le mariage pour tous. Il l'a fait en 2006, bien avant la

France. Le fait que le pays soit une démocratie et jouisse d'un haut niveau de développement économique a facilité cette évolution. Le rejet de l'héritage de l'apartheid a également joué un rôle important. Le régime de ségrégation raciale était un régime conservateur sur le plan moral, qui réprimait l'homosexualité. En arrivant au pouvoir, Mandela a convaincu la classe politique et le peuple d'Afrique du Sud d'abroger toutes les lois discriminatoires, y compris la loi de pénalisation des relations homosexuelles. Le juge Cameron, que j'ai rencontré à Pretoria en novembre 2024 et qui a été un acteur majeur de ce progrès, me le confirme : « Il fallait rejeter l'apartheid en bloc et libérer le pays de toutes les discriminations », « Il n'était plus concevable qu'un groupe, quel qu'il soit, ne jouisse pas des mêmes droits que la partie la plus privilégiée de la population. » L'adoption du mariage pour tous, sur la base d'une décision de la Cour suprême, s'inscrit dans ce contexte. Comme l'ajout en 1996 à la Constitution sud-africaine de l'interdiction des discriminations sur la base de l'orientation sexuelle, elle est le résultat du formidable effet de souffle pour les droits humains déclenché par la fin de l'apartheid.

L'ouverture d'Israël à l'union de personnes de même sexe relève du même type d'explication. Comment les Israéliens pourraient-ils oublier les « triangles roses », une réalité trop souvent effacée du système concentrationnaire nazi ? Même si l'on ne saurait comparer le sort de ces derniers à celui des victimes de la Shoah, Juifs et homosexuels, au XXe siècle, ont affronté les mêmes bourreaux.

Robert Badinter, la première personne que je rencontrai après ma nomination en novembre 2022, aimait à parler de cette « communauté des ébranlés » que le philosophe tchèque Patočka a théorisé. « Entre ceux dont la dignité humaine a été bafouée, il existe une solidarité naturelle », insistait-il.

Il reste qu'Israël, à ce stade, n'a pas ouvert le mariage aux couples de même sexe et se borne à reconnaître celui qui a été célébré à l'étranger. Mais la raison en est que le mariage civil n'y existe pas. Tous les couples du pays ayant le projet de se marier doivent passer par leurs instances religieuses. Or celles-ci ne reconnaissent pas le mariage gay, pas plus que le mariage impliquant des personnes de religions différentes ou dénuées d'allégeance religieuse. Une nouvelle démonstration que la sécularisation reste un paramètre décisif, en plus de la démocratisation et du développement économique, pour une pleine reconnaissance des personnes LGBT+.

À quelles évolutions s'attendre pour l'avenir ? Si l'on raisonne sur une période de dix à quinze ans, il me semble que les dynamiques vont se poursuivre en Europe. La Pologne pourrait aller vers l'union civile, suivie par d'autres pays centre-européens et balkaniques. L'Ukraine pourrait faire partie du mouvement. Le président Zelensky s'y est dit favorable. Le sacrifice des soldats homosexuels dans les tranchées et la revendication de leurs compagnons de disposer des mêmes droits que les conjoints de soldats hétérosexuels a d'ores et déjà changé le regard de la société. C'est ce que me confirme Jonathan Littell que je rencontre alors qu'il est de retour de Kyiv. Il y a observé le phénomène et me décrit cette « humanisation par la guerre ». Quant au mariage, qui a failli être adopté à Prague en 2024, il pourrait finalement s'imposer dans cette République tchèque qui est l'un des pays les plus sécularisés au monde. Il pourrait gagner la Lettonie, voire Chypre où l'exemple grec pourrait inspirer les autorités.

Le mouvement devrait également se poursuivre sur le continent américain, notamment en Bolivie et au Pérou, un jour peut-être au Venezuela. En Asie, le Japon devrait continuer sa politique des « petits pas » par le biais des « partenariats enregistrés » au niveau des municipalités. Il est probable que sa Cour suprême se saisisse assez vite du sujet du mariage étant donné que plusieurs hautes cours régionales, celles de Sapporo et de Tokyo en particulier, se sont prononcées en sa faveur en 2024. Il n'est pas exclu que la décision de la plus haute juridiction du pays soit positive. C'est en tout cas ce dont m'assurent la maire de Tokyo et d'autres personnalités politiques rencontrées lors de mon déplacement au Japon en octobre 2024.

En Asie du Sud-Est, l'exemple thaïlandais pourrait faire tache d'huile. À Hong-Kong, la Haute Cour de justice exhorte les autorités à offrir une protection légale aux couples de même sexe et la population semble y être relativement prête. Mais l'île ne prendra sans doute pas le risque de s'opposer à Pékin sur ce sujet. En Inde, la Cour suprême a été saisie de la question en 2023. Elle a refusé de se prononcer et indiqué qu'il revenait au Parlement de statuer sur la légalité du mariage entre personnes de même sexe. Le plus grand pays du monde aura donc tôt ou tard à se positionner.

C'est au Moyen-Orient, en Afrique et dans l'espace post-soviétique que les portes semblent les plus fermées. Le Caucase, s'il fait le choix de l'ancrage européen, pourrait faire exception. À plus long terme, l'exemple sud-africain devrait infuser en Afrique australe et dans les autres pays d'Afrique et de l'océan Indien les plus décomplexés vis-à-vis de la diversité sexuelle et de genre, comme l'île Maurice, le Cap-Vert ou encore le Rwanda, un autre pays où le souvenir de grandes catastrophes humaines a rendu la population sensible à la question des discriminations.

Les arguments utlisés pour défendre cette grande cause du mariage pour tous se ressemblent d'un État à l'autre, même si les activistes de chaque pays en privilégient certains pour tenir compte de l'histoire et de la culture locales, ou encore du contexte juridique et politique. Une constante : on invoque partout le principe d'égalité. Partout, on explique que les personnes homosexuelles doivent pouvoir bénéficier, quand elles sont en couple, des mêmes droits que les autres individus. Songeons à la fiscalité, la Sécurité sociale, la retraite, l'héritage, et surtout la filiation. Car la loi doit être la même pour tous. Un pays ne peut pas imposer à ses citoyens les mêmes obligations et en même temps leur refuser d'avoir les mêmes droits. Cela signifierait qu'ils n'ont pas pour lui la même valeur, la même dignité.

C'est ce que disent aujourd'hui les conjoints des soldats gay ukrainiens morts au cours de la guerre lancée par la Russie. Ils constatent qu'ils n'ont aucun droit, contrairement aux épouses des autres combattants. Ne sont-ils pas des Ukrainiens comme les autres ? La mort au champ d'honneur de leur conjoint a-t-elle moins de valeur que celle des autres soldats ? Cet argument de l'égalité est aussi celui que brandit à la tribune de la Chambre des députés tchèque Michaela Šebelová alors que les parlementaires débattent, en 2023, du mariage pour tous. Elle explique qu'elle est la mère de deux garçons, des jumeaux. Nés le même jour, amenés à l'âge adulte par la même famille, avec la même éducation. Ils ont reçu les mêmes soins de l'État, fréquenté les mêmes écoles. L'un et l'autre s'acquittent loyalement de leurs devoirs envers leur pays. Ils sont de bons contribuables, parfaitement respectueux des lois de la République tchèque. Mais l'un est gay, l'autre pas. L'un peut donc se marier, tandis que l'autre n'en a pas le droit. Dans les dîners de famille, où tous sont réunis, elle ne sait pas expliquer cette situation à ses enfants, martèle la députée.

L'argument de l'égalité devant la loi s'entend pour les femmes et les hommes qui souhaitent se marier. Il s'entend aussi pour leurs enfants, quand ils en ont. En l'absence de mariage pour tous, les enfants de couples homoparentaux sont évidemment discriminés. Ils n'ont pas les mêmes droits, pas la même protection, pas la même sécurité juridique que les autres enfants. Si leur parent reconnu à l'état civil vient à mourir, l'autre parent n'a aucun lien de filiation avec eux, et donc aucune obligation à leur égard. Ils se retrouvent dans la situation de parfaits orphelins. Ce fut un argument important en 2013 en France. Au-delà du principe d'égalité, ce raisonnement pointe vers un autre principe, fondamental pour beaucoup de pays, qui est l'intérêt supérieur de l'enfant.

Un second type d'arguments est mobilisé, dans de nombreuses géographies, pour défendre le mariage pour tous. Il consiste à se référer, non aux droits de la personne, mais à l'intérêt de la société. Il est capital dans les pays où la vision du monde reste holiste, dominée par l'idée que le groupe prime sur l'individu, et où rien n'existe au-dessus de l'harmonie sociale. Cet argument a plusieurs déclinaisons.

La première est assez évidente : la cohésion de la société dépend de la bonne inclusion de tous les groupes de population. Comment faire une société harmonieuse et unie si l'on exclut certains de ses membres ? C'est l'angle privilégié par les activistes d'Asie. L'angle sous lequel ils savent pouvoir toucher la population et les autorités, pour lesquelles l'aspiration à l'unité de la société prend le pas sur tout le reste. Je l'ai vu en Asie du Sud-Est, au Japon ou encore à Hong-Kong.

Cet argument a une autre déclinaison, économique. La pleine intégration des personnes LGBT+ ne concourt-elle pas au développement et à la prospérité du pays ? Les personnes queer ont du talent, des compétences. Résister à la pression du groupe et de la norme, je l'observe partout, forge des caractères. Favorise la créativité et l'audace. La société a tout avantage, même d'un point de vue économique et pragmatique, à assurer la bonne inclusion des LGBT+.

L'intégration des personnes LGBT+ rehausse par ailleurs la réputation du pays, son attractivité pour le commerce, le tourisme, l'investissement. Elle est bonne pour son image. C'est la principale raison d'aller vers le mariage gay que Regina Ip, membre de l'exécutif de Hong-Kong, me concède lorsque je la rencontre en 2024, tout en se montrant sceptique sur les chances de voir ce projet aboutir dans l'île.

Argumenter pour le mariage égalitaire ne suffit pas. Il faut aussi répondre aux objections de ses opposants. La principale objection, sous toutes les latitudes, est que le mariage entre personnes de même sexe causerait la désagrégation de la famille et de la société. Nous l'avons entendue en France en 2013 dans les rangs de la Manif pour tous et dans l'hémicycle surchauffé de l'Assemblée nationale[1]. En attaquant leur fondation anthropologique, le mariage pour tous détruirait l'institution familiale et ferait trembler sur leurs bases l'ordre social et la civilisation. Est-il besoin de dire qu'on ne trouve aucun indice d'un tel effondrement dans les pays ayant ouvert le

1. Cf. Erwan Binet et Charlotte Rotman, *La Bataille du mariage pour tous*, Books Éditions, 2016.

mariage ? La vérité est que, nulle part, les sombres prédictions des conservateurs ne se sont réalisées.

En donnant aux personnes homosexuelles la possibilité de se marier, l'État ne retire aucun droit aux autres couples. Le mariage hétérosexuel, dans un pays comme la France, n'est pas menacé. Et il n'a d'ailleurs pas reculé. Depuis une dizaine d'années, il oscille à un peu plus de 230 000 par an (hors Covid). Et les mariages entre personnes de même sexe ne représentent chaque année qu'environ 3 % de la totalité des mariages. Il n'y a donc rien eu comme une destruction de la famille « traditionnelle ». Au contraire, la famille, désormais plurielle, est devenue une valeur plus grande, une valeur davantage partagée. En un sens, cette institution bourgeoise n'a jamais été à ce point revendiquée, même si l'on continue de divorcer ou de vivre seul.

Nous n'observons pas non plus de délitement de la société. Depuis que les personnes homosexuelles et bisexuelles, qui représentent 7 % de la population française, sont libres de se marier avec un partenaire du même sexe et d'avoir des enfants légitimes, elles se sentent mieux reconnues par la collectivité. Elles ne sont plus, au moins aux yeux d'une majorité de la population, ces personnes bizarres et anticonformistes vivant aux marges de la société. Même si les préjugés n'ont pas disparu, elles sont devenues des citoyens comme les autres, en tout cas mieux intégrés. La cohésion de la société, sous ce rapport, s'en est trouvée renforcée. Les causes de l'affaiblissement du lien social, à supposer qu'il soit avéré, doivent être recherchées ailleurs.

Une autre série d'objections régulièrement adressées au mariage gay se réfère aux enfants et à la parentalité. Dans de nombreux pays, on affirme, au besoin en s'appuyant sur des textes religieux, que la finalité du mariage est de faire des enfants, ce que ne peuvent faire seules et de manière naturelle deux personnes de même sexe. Sur ce point, je n'ai rien trouvé de mieux que la réponse de Václav Havel.

En 2005, la Chambre des députés tchèque examine une loi instaurant un « partenariat enregistré » pour les homosexuels. Havel n'est plus président et s'est retiré de la vie politique. Il s'autorise toutefois à intervenir dans le débat public quand il estime sa voix nécessaire. C'est le cas avec cette loi, qui est adoptée par les parlementaires, mais aussitôt rejetée par son successeur à la tête de la République tchèque, Václav Klaus. Celui-ci décide en effet d'user de son droit de veto. L'argument de Klaus et de son parti : l'union entre hommes et femmes doit avoir un avantage parce qu'elle produit des enfants, contrairement à l'union de deux personnes de même sexe.

Quelle étrange conception du mariage et de la famille ! ironise Havel. La famille serait donc « l'endroit où les taureaux sont autorisés à rejoindre les vaches pour se reproduire ». « Il n'y a rien de spirituel là-dedans ! », s'exclame l'ancien dissident. C'est plutôt une « conception terriblement matérialiste et coopérative de la famille ». Havel, qui a été deux fois marié mais n'a jamais eu d'enfant et dont l'oncle Milos, figure de l'entre-deux-guerres à Prague, était homosexuel, sait de quoi il parle.

Finalement, la Chambre des députés tchèque passera outre le veto présidentiel et adoptera la loi, qui sera renforcée en 2024. Il est agréable de constater qu'à l'instar de Mandela, autre héros du combat pour les droits de l'Homme au XXe siècle, Havel avait compris le monde qui était en train d'apparaître au seuil du siècle suivant.

À l'objection que les personnes de même sexe ne peuvent avoir d'enfants entre elles de façon « naturelle », on doit aussi répondre que cela ne les empêche pas, comme les hétérosexuels, d'en avoir par d'autres voies. Enfants conçus dans le cadre d'une relation hétérosexuelle antérieure, adoption, procréation assistée, insémination maison, coparentalité ou maternité de substitution. Ces voies ne seraient pas « naturelles » ? Rien n'est moins sûr. Certaines, et pas seulement l'adoption, sont aussi vieilles que le monde. Sarah ne pouvant donner d'enfant à Abraham, nous raconte le Livre de la Genèse, se tourne vers sa servante Agar, qui donnera une descendance au patriarche. Ce n'est pas une exception dans le monde de l'Ancien Testament où l'histoire se répétera. La vérité est que les sociétés humaines ont toujours su faire preuve d'inventivité face à l'infertilité, pour continuer à croître et multiplier. Cette imagination sociale n'a jamais trop dérangé, aussi longtemps que l'on a eu affaire à des couples hétérosexuels.

Nous touchons ici l'autre objection concernant les enfants. Ils ne grandiraient bien qu'avec un père et une mère, une figure masculine et une figure féminine, une dualité qui serait fondatrice de la personnalité humaine.

Autrement dit, il serait dangereux pour eux d'avoir deux parents de même sexe. Là aussi, il convient, ce que je fais dans mes déplacements, de montrer la fausse nouveauté du phénomène, et de déconstruire les mythes. Enfant de mère célibataire, j'ai été élevé par deux figures féminines, ma mère et ma grand-mère. Ce qui n'est pas rare. Je ne crois pas avoir un quelconque handicap. Je n'ai pas été empêché de trouver des figures masculines et de m'y identifier. Pour d'autres que moi, ce fut une mère et une tante. Un père et un oncle. Ou que sais-je ? Quel enrichissement pour la société que cette pluralité d'environnements familiaux, dès lors que les enfants y trouvent l'amour dont ils ont besoin pour se construire, ce qui fut mon cas. Car c'est évidemment le seul sujet. Et les études scientifiques dont nous disposons sur les enfants de couples homoparentaux montrent qu'ils reçoivent autant d'affection que les autres. Les recherches révèlent aussi qu'ils n'ont pas plus de probabilité que les autres enfants d'avoir des problèmes psychologiques, cognitifs ou sociaux. Pas plus de probabilité de devenir eux-mêmes homosexuels ou de faire une transition. Défendre le mariage gay, c'est aussi tordre le cou à ces idées reçues.

Si Václav Havel avait raison de rappeler que l'on peut se marier sans avoir d'enfant, il reste que la question des enfants est centrale lorsqu'on discute du mariage pour tous. Alain Beit, qui dirige le Beit Haverim, l'association LGBT+ de la communauté juive en France, m'explique que tout a basculé pour les homosexuels en Israël le jour où ils ont pu avoir des enfants et les présenter à leur famille. Soudainement, le regard de leurs proches s'est transformé, en particulier celui de leur mère. Comme si l'arrivée d'enfants rendait possible de nouveaux commencements et retissait le fil des générations. Comme si elle effaçait les chagrins, les malentendus. « La naissance d'hommes nouveaux », écrit Hannah Arendt dans *La Condition de l'homme moderne*, est « le miracle qui sauve le monde », qui redonne la foi et l'espérance dans les affaires humaines.

À Bangkok, au cours de mon séjour de mars 2024, j'ai souvent évoqué ce rôle rédempteur du mariage et des enfants, pour rendre plus sensibles à mes interlocuteurs encore dubitatifs l'importance du mariage pour tous, et l'importance d'y associer la parentalité. Même s'ils n'ont pas de mère juive, ni de théologie du péché et du Salut, mes amis thaïlandais semblaient fort bien me comprendre, réinterprétant sans doute une expérience universelle dans leur propre grammaire culturelle. La législation finalement votée en Thaïlande comportera bien la possibilité d'adopter et, le 23 janvier 2025, ce seront près de 2 000 couples qui se diront « oui » à l'entrée en vigueur de cette loi historique.

La question LGBT+, baromètre de la démocratie

En novembre 2024, alors que je suis au Cap pour participer au sommet mondial d'ILGA, j'en profite pour aller au Botswana. C'est le pays voisin de l'Afrique du Sud. Un pays aux deux tiers désertique, connu pour ses mines de diamant et le delta de l'Okawango, le plus grand delta intérieur de la planète. Là-bas, je vais de surprise en surprise. Alors que l'homophobie fait rage dans beaucoup de pays africains, le Botswana fait figure d'exception. L'homosexualité y a été dépénalisée en 2019. Les autorités et une grande partie de la population sont relativement décomplexées vis-à-vis de la diversité sexuelle et de genre. C'est si vrai que je peux y faire une conférence publique, chose impossible dans la majorité des pays du continent.

Un soir, à la réception que l'ambassadeur de France organise pour ma venue, je suis frappé de constater que des activistes et des artistes queer sympathisent tout naturellement avec les représentants de l'exécutif. Le défenseur des droits, avec lequel je m'entretiendrai le lendemain, m'explique qu'un projet de loi a été déposé quelques mois auparavant pour inscrire dans la constitution la protection des personnes intersexes. Le projet n'a pas prospéré, mais le Botswana est bien le premier pays au monde à avoir envisagé des dispositions aussi progressistes. Même le mariage pour tous n'est pas tabou, me disent les responsables de LEGABIBO, l'ONG qui depuis 1998 est de tous les combats.

Il se trouve que le Botswana est aussi une démocratie. Une démocratie imparfaite sans doute, mais une vraie démocratie. Avec des élections libres et multipartites, une presse indépendante, une justice autonome, une société civile vigoureuse, un débat public apaisé et respectueux. D'ailleurs, quelques jours avant mon arrivée, un avocat défenseur des droits de l'Homme, qui n'appartient pas au parti issu de l'indépendance, a été élu président du pays. C'était la première alternance politique depuis longtemps. Ailleurs, cela aurait donné lieu à des contestations, voire à la tentative du président sortant de rester au pouvoir. À Gaborone, tout s'est passé dans le calme. Les perdants ont reconnu leur défaite et Duma Boko a été investi le plus tranquillement du monde.

Il y a évidemment un lien entre les deux. Entre le respect des personnes LGBT+ et le bon fonctionnement de la démocratie. Entre l'acceptation de la diversité sexuelle et de genre et le fait de vivre dans un pays libre. Difficile de nier la corrélation. Les États offrant le cadre le plus protecteur aux droits LGBT+ sont en effet les démocraties libérales. Les pays où ils sont le plus en danger sont les régimes autoritaires ou les démocraties en crise. Pour paraphraser Montesquieu, je dirais que c'est presque une règle générale, que partout où l'on accepte les LGBT+ il y a démocratie, et que partout où il y a démocratie on accepte les personnes LGBT+.

Passons en revue les différents continents. Cette loi d'airain s'y vérifie invariablement. L'Europe est l'un des bastions de la démocratie libérale. C'est aussi le meilleur endroit au monde pour les personnes LGBT+. Les deux sont inextricablement liés. Mieux, toutes les nuances de la démocratie sur le Vieux Continent se projettent sur le plan de la tolérance LGBT+. Plus le score démocratique d'un pays est élevé, plus son indice Rainbow est haut. Tout se passe comme s'il existait un lien de causalité nécessaire. Dans la partie supérieure du tableau : les États de l'Ouest européen, des pays nordiques à ceux de la péninsule Ibérique en passant par la France, le Bénélux, l'Allemagne et les pays de l'arc alpin. Ces pays sont les mieux notés pour la démocratie. Ils le sont aussi pour l'ouverture à la diversité, telle que mesurée notamment par ILGA-Europe. Plus bas dans le tableau : les États d'Europe orientale et balkanique, à l'exception de la Grèce, qui affichent une moindre performance démocratique. Ce sont aussi les pays ayant le niveau le moins élevé de tolérance à la diversité sexuelle et de genre.

En Europe, il n'y a donc pas de doute : plus fort est l'ancrage démocratique, plus grande est la tolérance vis-à-vis des LGBT+. Démonstration chimiquement pure de ce théorème : la Hongrie. La Hongrie, c'est à la fois le pays emblématique de la dérive illibérale sur le continent européen et le seul État à avoir pris de façon durable un tournant anti-LGBT+. L'un ne va pas sans l'autre. Pour dire les choses autrement, le respect des LGBT+ est un indice de santé démocratique, un révélateur de la qualité de l'État de droit. Voulez-vous savoir comment se porte la démocratie dans un pays ? Regardez quelle attention est portée à ses marges. Comment y sont traitées, en particulier, les personnes qui n'ont pas l'orientation sexuelle ou l'identité de genre de la majorité.

L'axiome se vérifie sur le continent américain. Les pays considérés par Freedom House comme autoritaires – Venezuela, Nicaragua, Haïti... – ou semi-libres – Paraguay, Bolivie, Pérou, Équateur, République dominicaine... –, sont ceux dont le cadre légal et les opinions sont les moins favorables aux LGBT+ selon Equaldex. À l'inverse, les pays les plus accueillants sont dans leur immense majorité des démocraties accomplies. Et comme en Europe, chaque fois que la démocratie devient illibérale, cela se traduit mécaniquement par une dégradation de la situation des personnes LGBT+. Le retour aux affaires de Donald Trump en janvier 2025 nous en offre un aperçu.

Un constat identique s'impose en Afrique. La carte du continent laisse apparaître une étroite corrélation entre démocratie et tolérance LGBT+. La région la plus démocratique est l'Afrique australe, dont fait partie le Botswana, mais aussi l'Afrique du Sud et la Namibie. C'est cette même région qui affiche le plus haut niveau d'acceptation de la diversité sexuelle et de genre en

Afrique. L'Asie et le Pacifique ne font pas exception à la règle. C'est parmi les pays qui, à un degré ou un autre, pratiquent la démocratie que l'on trouve les plus gay-friendly : Nouvelle-Zélande, Australie, Taïwan, Japon, Corée du Sud, Thaïlande, Inde, Népal, Israël...

Pourquoi la démocratie est-elle le meilleur régime pour les LGBT+ ? Parce que, contrairement à ce que clament les leaders populistes, elle ne se résume pas à la loi de la majorité. Elle implique aussi le respect des droits des individus et des groupes minoritaires. Elle suppose tout à la fois des élections libres et la protection des droits de l'Homme, deux principes indissolublement liés. La démocratie est le régime qui permet à chacun d'entre nous de participer, à travers l'élection, aux affaires communes et qui, en même temps, trace des limites à ce pouvoir collectif pour l'empêcher d'empiéter sur nos libertés individuelles. Pourquoi cette dualité ? Parce que quiconque détient le pouvoir, écrit Montesquieu dans *De l'esprit des lois*, « a tendance à en abuser », y compris ceux qui gouvernent avec l'onction du suffrage universel. Du massacre des Vendéens sous la Terreur à la ségrégation raciale dans les États-Unis du XXe siècle en passant par la criminalisation de l'homosexualité, les exemples sont légion de gouvernements représentant la majorité du peuple qui piétinent les droits des groupes minoritaires.

Les limitations prévues par les démocraties libérales pour éviter « l'holocauste du peuple en détail par le peuple en masse », selon la formule de Benjamin Constant, sont connues. C'est une Constitution, qui définit les libertés individuelles pour la protection desquelles le pouvoir est établi ainsi que les institutions, les règles et procédures que ce dernier doit respecter pour être légitime. C'est une justice indépendante auprès de laquelle tout individu estimant ses droits bafoués peut obtenir réparation. Ce sont des médias, des universités, une société civile autorisés à s'exprimer librement et à mettre en débat les opinions et décisions des gouvernants. Sans ce système de « freins et contrepoids », garant du respect des libertés individuelles, il n'existe pas de démocratie. Que ce système de limitation vienne à disparaître et c'est la démocratie elle-même qui est anéantie, réduite à ne plus être, selon l'expression de Tocqueville, que « tyrannie de la majorité ».

Pour dire les choses autrement, la volonté de la majorité ne peut pas tout faire dans une démocratie. Elle n'est jamais qu'un pis-aller, la moins mauvaise façon que nous ayons trouvée pour permettre à chaque individu d'exercer sa liberté. Le pouvoir de tous, n'en déplaise à Rousseau, ne peut pas être un pouvoir absolu. Il perd sa légitimité quand il s'en prend aux libertés de quelques-uns. C'est le principe d'égale liberté qui le fonde. C'est ce même principe qui le limite.

Les personnes LGBT+ ne peuvent pas connaître de meilleur écosystème que cette démocratie libérale. Car elles constituent un groupe minoritaire. Comme les autres minorités, elles y sont à l'abri de la possible démesure du pouvoir, celui du peuple, du despote ou d'une oligarchie. Les droits qui les protègent sont garantis constitutionnellement : droit à l'intégrité et à la sûreté de la personne, droit à la vie privée, droit de ne pas être discriminé, droit d'avoir une famille, droit de s'exprimer, de se réunir, de manifester librement, droit de ne pas avoir de croyance ou d'adopter celle de son choix, droit de ne pas subir de mauvais traitements...

Dans ce cadre démocratique seulement, les personnes LGBT+ peuvent être elles-mêmes sans se cacher, créer des associations, participer à des Marches des Fiertés, pétitionner sans craindre pour leur sécurité, revendiquer ouvertement une plus grande égalité, notamment en matière de mariage et de parentalité. Les discriminations, les violences ou les persécutions dont elles peuvent être victimes ont plus de chance d'être révélées au grand jour du fait de l'existence d'une pluralité de médias. Ces actes homophobes ont aussi plus de probabilités d'être stoppés et punis puisque les personnes LGBT+ peuvent porter plainte devant des tribunaux et espérer des jugements indépendants du pouvoir politique. Au fond, la démocratie est la meilleure police d'assurance des personnes LGBT+. C'est le seul régime qui leur assure une véritable protection et leur offre l'horizon d'une pleine égalité des droits. Si la démocratie ne saurait venir à bout des préjugés et de la violence, elle en reste le meilleur rempart.

Autant dire que la crise de la démocratie que nous vivons depuis une vingtaine d'années affecte particulièrement les personnes LGBT+. La réalité est qu'elles en subissent de plein fouet les conséquences. Elles sont évidemment touchées par la première dimension de cette crise : l'apparition dans le monde émergent de grands pays qui assument sans complexe de se convertir au capitalisme tout en conservant une structure de pouvoir autoritaire.

L'affirmation de ce modèle hybride, présenté comme une alternative à la démocratie libérale, a un impact catastrophique sur les personnes LGBT+. Dans le meilleur des cas, par exemple en Chine, les États qui s'engagent dans cette direction ne sont pas particulièrement obsédés par la question de l'orientation sexuelle et du genre. Mais l'absence d'espace de liberté empêche les personnes LGBT+ de s'organiser et de faire valoir leurs droits. Elles ne peuvent compter, pour faire avancer leur cause, ni sur les médias ni sur la justice. Le progrès des droits y est souvent bloqué à un stade embryonnaire, celui de la dépénalisation de l'homosexualité, acquise en général durant la phase précédente, ce quart de siècle entre 1980 et 2005 au cours duquel la démocratie et les droits de l'Homme avaient le vent en poupe. Mais dans le pire des cas, comme en Russie, les États capitalistes et autoritaires sont expressément hostiles aux LGBT+. Animés par une idéologie conservatrice et un fort ressentiment contre les démocraties occidentales, ils s'emploient à rendre invisibles les minorités sexuelles, à réduire leurs voix au silence, à entraver ou interdire leur vie sociale et associative. Leur situation peut se dégrader au point de devenir, nous le voyons sur le territoire russe, un véritable enfer.

Les personnes LGBT+ sont également affectées par la seconde dimension de la crise démocratique : le développement, au sein des démocraties elles-mêmes, de mouvements populistes illibéraux. Ces mouvements acceptent une partie de la démocratie – l'élection à la majorité –, mais refusent l'autre – le respect des droits et libertés individuels. Leurs dirigeants – des hommes forts qui se targuent de régler tous les problèmes – se présentent comme les défenseurs du peuple contre des élites corrompues. Ils réclament, pour tenir rapidement leur promesse de transformation radicale, de pouvoir mettre en œuvre la volonté populaire sans s'embarrasser de l'État de droit, sans se préoccuper des institutions indépendantes et des droits des minorités, présentés comme autant d'entraves inutiles ou d'insupportables limitations à la souveraineté du peuple.

Ces mouvements, parce qu'ils sont conservateurs et travaillés par une profonde angoisse identitaire, exècrent la diversité sexuelle et de genre. Certes, il leur est difficile de remettre en cause les droits acquis par les homosexuels au cours des décennies précédentes. La société s'est habituée à ces libertés et a fini par les accepter. Les populistes qui bousculent les vieilles démocraties s'en prennent donc prioritairement aux personnes trans, qui représentent le sujet LGBT+ le plus nouveau, le plus disruptif, le moins consensuel dans l'opinion. Ils dénoncent la transidentité comme un virus qui menacerait la société, en particulier les enfants et les femmes. Ils cherchent à limiter l'accès aux soins d'affirmation de genre et à compliquer la reconnaissance légale de la transition. Cohérents avec eux-mêmes, ils n'hésitent pas à modifier le sigle LGBT+ pour y supprimer le « T » de « trans ». L'opération a été menée tambour battant en février 2025 sur le site web du très symbolique Stonewall National Monument, qui commémore l'événement fondateur du mouvement gay américain.

À travers la transidentité, ce sont aussi les personnes non binaires qui sont attaquées. Nous l'observons aux États-Unis depuis l'affirmation, début 2025, qu'il n'existe que deux sexes, masculin et féminin, et la suppression du genre neutre dans les documents fédéraux. La bataille antitrans atteint aussi de façon plus indirecte les personnes gay, lesbiennes et bisexuelles. Car elle s'accompagne généralement d'une offensive contre la prétendue « idéologie du genre » qui frappe indistinctement toutes les personnes s'écartant de la norme. Cela se traduit notamment par la remise en cause des programmes de sensibilisation aux LGBTphobies dans les écoles, ce qui contribue à faire rentrer dans le placard et à fragiliser tous les jeunes LGBT+, y compris les jeunes homosexuels. L'offensive antigenre peut aussi donner lieu, comme nous le voyons dans plusieurs États fédérés des États-Unis, à une interdiction d'aborder les questions de diversité sexuelle et de genre avec les mineurs, autre manière d'invisibiliser ceux dont la vie affective et l'identité s'écartent de celles de la majorité.

Il faut se rendre à l'évidence : le plus souvent, les LGBT+ ne sont pas de simples victimes collatérales de la crise de la démocratie. Au contraire, ils sont au centre des attaques des dirigeants autoritaires ou populistes contre la société de liberté. Ils offrent même aux ennemis de la démocratie libérale un angle privilégié pour mener leur guérilla idéologique. Quelle meilleure preuve du caractère « pervers » et

« décadent » des démocraties que leur négation de la différence des sexes ? Quelle meilleure démonstration de leur déclin que leur abandon de la « famille naturelle » ?

Des royalistes d'Ancien Régime aux modernes islamistes en passant par les fascistes et les communistes, les adversaires les plus acharnés de la démocratie instruisent son procès avec le même argument : elle serait une société par essence permissive dont le péché originel serait de mettre les droits de l'individu égoïste, toujours plus nombreux, au-dessus des intérêts de la collectivité. L'argument est recyclé aujourd'hui par les nouveaux détracteurs de la démocratie libérale. En 2025, c'est la permissivité vis-à-vis des individus transgressant les normes de genre et l'inflation des droits LGBT+, ultimes avatars de l'« individualisme exacerbé », qui est mise au banc des accusés.

Nous ne devons en aucune façon nous laisser intimider par ce discours et baisser la tête. Il n'y a aucune raison, pour tenter de désamorcer ces critiques, de mettre sous le tapis la question LGBT+. Aucune raison, pour rendre notre vitrine démocratique plus attrayante, de renvoyer au rayon des accessoires le mariage pour tous et la reconnaissance de la transidentité. L'acceptation de la diversité sexuelle et de genre fait partie de notre modèle de société. Nous devons l'assumer fièrement et ne jamais transiger sur ce principe. Mais il est important, quand on veut contrer les vents mauvais du populisme et de l'autoritarisme, de le faire dans un langage universaliste et rassembleur, celui des droits de l'Homme. C'est au nom de la liberté de tous, des droits humains universels, de l'idée d'égale dignité humaine que nous devons porter le combat. Il n'y a pas d'autre manière d'être entendu. Pas d'autre manière d'être compris, j'en suis persuadé.

Face à l'internationale réactionnaire, assumons que nous tenons à la diversité sexuelle et de genre, et qu'il s'agit tout simplement d'une question de libertés individuelles et de droits de l'Homme. Dissipons l'idée funeste, idéologique, qu'il s'agirait d'un combat identitaire. Ce qui est en jeu, au-delà du bien-être des personnes LGBT+ elles-mêmes, c'est tout simplement le modèle de société dans lequel nous voulons habiter. Voulons-nous vivre dans une société de libertés, organisée autour de l'émancipation individuelle, ou dans une société autoritaire dans laquelle l'État exerce un contrôle strict sur les corps et les esprits ?

En février 2025, quelques semaines après mon passage à Gaborone, je reçois un message du Botswana. L'ONG LEGABIBO, dont j'avais visité les locaux, m'alerte sur sa situation après la décision de Washington de geler ses crédits d'aide au développement. L'association, comme beaucoup d'autres dans le monde, en dépendait fortement. Elle a été obligée de fermer quatre de ses cinq centres dans le pays et craint de devoir mettre la clef sous la porte. Voilà donc que la crise de la démocratie libérale déroule ses effets dévastateurs jusqu'au pacifique Botswana. Étrange situation où les bons élèves de la société de libertés se trouvent abandonnés par le pays qui en fut longtemps le héraut.

CONCLUSION

Dans *Espèces dangereuses*[1], Sergueï Shikalov raconte les espoirs déçus d'une génération. En 1993, la Russie dépénalise l'homosexualité et, pendant quelques années, le pays connaît une forme d'ouverture. L'étau imposé par l'ancien pouvoir soviétique se desserre. À Moscou, les gays se retrouvent au restaurant-bar « Propaganda », à deux pas de la Loubianka, siège de l'ancien KGB. Ils se pressent au cinéma Pouchkine pour voir Le *Secret de Brokeback Mountain.* Ils peuvent enfin rêver d'une vie libre à l'occidentale, relate le romancier. Rêver de ne plus faire semblant. De se donner la main dans la rue. De ne plus être regardés comme une « espèce dangereuse ». « Bannis pendant des décennies, on avait été enfin démuselés, autorisés à sortir de nos ghettos, explique Shikalov. Tout retour en arrière nous semblait impossible. »

Que reste-t-il de ce temps ? Des « promesses ». Des « fantômes ». Au début des années 2010, la main de fer

1. Sergueï Shikalov, *Espèces dangereuses*, Paris, Seuil, 2024.

du Kremlin s'abat sur ces fragiles libertés. La Russie fait machine arrière et restaure l'homophobie d'État. La protection des « valeurs traditionnelles » devient la doctrine officielle du régime. Les lois répressives se succèdent. Les personnes LGBT+ sont déclarées ennemies de la patrie et de la civilisation. Elles doivent à nouveau entrer en dissidence ou prendre, comme Shikalov, le chemin de l'exil.

Pendant un certain temps nous avons pu vivre, comme l'auteur de ce roman, avec l'idée d'un progrès irréversible de la condition LGBT+. Un peu partout sur la planète, on dépénalisait les relations homosexuelles. On cessait, avec l'Organisation mondiale de la santé, de tenir l'homosexualité pour une maladie. De l'Europe à l'Amérique en passant par l'Afrique du Sud, le mariage s'ouvrait aux couples de même sexe. La transidentité, elle aussi longtemps réprimée, commençait enfin à être mieux reconnue. Peu à peu, les préjugés anti-LGBT+ semblaient devenir d'odieux anachronismes. La diversité était célébrée comme une vertu. La liberté d'aimer, et celle d'être soi, étaient érigées en droits sacrés. Cette révolution, pointe avancée du grand mouvement d'émancipation individuelle, avait commencé à se concrétiser à la fin des années 1960. Elle s'était accélérée avec la chute du mur de Berlin et les démocratisations en chaîne qu'elle avait provoquées. Sans doute des pays restaient-ils à l'écart. Mais aucun d'entre eux ne semblait reculer. Tous finiraient bien par rejoindre la grande marche du progrès. N'était-ce pas le cas de la Russie et de la Chine, où après la parenthèse totalitaire, les dirigeants s'étaient engagés dans la voie d'une certaine libéralisation ? L'image générale était celle d'un mouvement inexorable.

Depuis le milieu des années 2010, le paysage a changé. À l'image de ce qui s'est produit dans la Russie de Vladimir Poutine, une vague conservatrice s'est levée sur la plupart des continents. Ce qui semblait irréversible est remis en cause. Ce qui paraissait impossible devient chaque jour plus vraisemblable. Dans toutes les géographies, nous voyons monter un discours hostile aux personnes LGBT+. Nous voyons la répression s'installer et les droits reculer. Cette hostilité touche au premier chef les pays dans lesquels l'homosexualité est encore pénalisée. Ils sont une soixantaine, au Moyen-Orient et en Afrique. Après être restés assez indifférents à la question LGBT+, nombre de ces États se crispent et se radicalisent. Dans beaucoup d'entre eux, les arrestations sont plus nombreuses, les lynchages spontanés se multiplient, la persécution s'intensifie. Certains États, comme l'Ouganda, durcissent leurs sanctions jusqu'à instaurer la peine de mort.

Le mouvement d'hostilité touche aussi des pays – en Europe, en Amérique et en Asie – qui ont dépénalisé l'homosexualité et qui s'étaient engagés ces dernières décennies dans la voie du progrès. Certains de ces pays cherchent à invisibiliser les personnes LGBT+. Ils s'attaquent à leurs libertés d'expression, de réunion, d'association. Ils s'en prennent aussi aux droits des personnes trans, plus récemment conquis, moins installés dans l'opinion. Avec l'élection de Donald Trump en 2024, les États-Unis ont basculé dans ce camp conservateur.

Désormais, ils pèsent sur lui de tout leur poids de première puissance mondiale. Le discours d'investiture du nouveau président, en janvier 2025, a été un moment de bascule. Pour la première fois, l'annonce d'un agenda anti-LGBT+ figurait en bonne place dans la première adresse à la nation d'un président américain. Donald Trump y proclamait la fin des politiques de diversité. Il martelait que le pays ne reconnaîtrait dorénavant que « deux sexes ».

Comment a-t-on pu passer, en l'espace de quelques années, du progrès à la réaction ? De l'espoir à la colère ? De l'orgueil à l'opprobre ? J'ai écrit ce livre pour comprendre cette évolution. Mais aussi pour alerter sur ses conséquences.

Ma conviction, on l'aura compris, est que la situation des personnes LGBT+ est étroitement liée à la question de la démocratie. Les droits des personnes LGBT+ sont réprimés là où le cadre démocratique, qui protège les libertés individuelles, est absent ou en crise. Si les dernières années ont vu un recul de la condition LGBT+ dans un trop grand nombre de pays, c'est d'abord parce que la démocratie marque le pas. Parce que nous assistons, selon les mots d'Ivan Krastev[1], à une insurrection mondiale contre l'ordre démocratique et libéral post-1989. L'assaut vient de l'extérieur : de grandes puissances assument de façon décomplexée un modèle autoritaire et encouragent

1. Ivan Krastev, « Le retour des régimes majoritaires », in *L'Âge de la régression*, ouvrage collectif, Premier parallèle, 2017.

sa propagation dans le monde. L'offensive nous mine, aussi, de l'intérieur. Une étrange maladie s'est emparée de nos plus anciennes démocraties. Le peuple majoritaire, inquiet pour son identité, semble prêt à se donner à des hommes forts gouvernant sans égard pour les libertés des individus et des minorités. Les personnes LGBT+ font partie des premières victimes de ces démocraties devenues illibérales.

Malgré cette idée qui lui sert de fil rouge, je me suis efforcé dans ces pages d'éviter les réponses tranchantes et définitives. La complexité du monde comme l'actualité sans cesse mouvante nous imposent le sens des nuances et des contradictions. Elles nous obligent à fuir les slogans et les formules simplificatrices. Elles nous invitent à préférer l'esprit de complexité à l'esprit de système. Ainsi, l'onde de choc conservatrice ne doit pas nous faire oublier que le progrès se poursuit dans une partie du monde. Pendant que certains pays attaquent les droits des personnes LGBT+, d'autres continuent de toujours mieux les prendre en compte. Chaque année, comme je crois l'avoir montré, des pays dépénalisent l'homosexualité, adoptent le mariage pour tous, se dotent de lois contre l'homophobie, ou facilitent la transition de genre. Il est faux de croire que le monde entier serait engagé dans une spirale réactionnaire. Et que la messe serait dite. Le moment présent est plutôt marqué du sceau de l'ambiguïté. Cela signifie aussi que le fossé se creuse chaque jour davantage entre pro et anti-LGBT+. Que le monde se trouve de plus en plus polarisé par cette question. Avec les risques que cette fracture grandissante représente, au premier chef pour les personnes LGBT+. Au fond, nous n'assistons pas, je le crois, à la victoire finale du conservatisme, mais à son spectaculaire retour en force. Pas à la fin d'une bataille, mais à son intensification. L'actuelle contre-révolution américaine ne doit pas nous aveugler. Si elle fait des émules en divers lieux de la planète, elle déclenche aussi, du Canada à l'Australie en passant par l'Amérique latine, un sursaut libéral et progressiste.

Esprit de complexité aussi, parce qu'il nous faut éviter de confondre toutes les menaces auxquelles font face les personnes LGBT+. Les pires ennemis des libertés sexuelles et de genre restent les États où les relations homosexuelles sont hors la loi. Où les personnes LGBT+ peuvent être envoyées en prison, flagellées, condamnées à mort. Rien n'égale, à cet égard, la cruauté de l'Iran ou de l'Afghanistan où les minorités sexuelles risquent leur vie et où leur existence est un supplice. La Cour pénale internationale en a pris acte en lançant en 2025, pour la première fois, un mandat d'arrêt pour crime contre l'Humanité contre deux dirigeants talibans soupçonnés de persécution à grande échelle des femmes et des filles, mais aussi des personnes LGBT+. La situation en Russie constitue un cercle de l'enfer un peu dégradé. L'homosexualité y est autorisée, mais elle doit demeurer clandestine et subir les assauts haineux de la propagande. Les reculs dans certaines démocraties illibérales sont très préoccupants, surtout quand ils émanent de la première puissance de la planète, mais ils ne sauraient être mis sur le même plan.

Dans ces pays, les personnes LGBT+ conservent des droits, comme le mariage ou l'union civile. Une moitié au moins de l'opinion leur est souvent favorable. Elles peuvent s'opposer aux attaques légales dont elles sont l'objet, même si les canaux – judiciaire, médiatique, etc. – permettant aux groupes minoritaires de faire entendre leurs réclamations se trouvent sous la pression des autorités. On manifeste à Washington contre les politiques anti-LGBT+, pas à Moscou ou Kaboul.

Esprit de complexité enfin dans l'explication générale de ce mouvement rétrograde des droits LGBT+. Si la crise de la démocratie me semble en être la première cause, je n'écarte pas dans cet ouvrage d'autres explications. À commencer par le simple « balancier de l'Histoire ». De grands bonds en avant se paient souvent d'un profond mouvement de réaction. On le voit pour les droits des femmes et les avancées du féminisme. L'actuelle lame de fond conservatrice sur les questions d'orientation sexuelle et de genre est aussi un contrecoup de la révolution LGBT+ des décennies précédentes, notamment de l'ouverture du mariage aux couples de même sexe. L'ampleur et la rapidité de cette révolution bousculent les repères de nombreuses populations à travers le monde. C'est particulièrement le cas des pays qui ne vivent pas ces transformations au quotidien, mais les découvrent à des milliers de kilomètres de distance, à travers les médias et les réseaux sociaux. L'Histoire, en tout cas dans ce domaine, est rarement linéaire. Elle procède par progrès et réaction.

Je fais également droit, parmi les explications de l'actuel mouvement anti-LGBT+, au surgissement d'une question nouvelle : celle de la transidentité. Dans beaucoup de pays, la soudaine visibilité trans a ressuscité les haines et les violences autrefois dirigées contre les gays et les lesbiennes. Le phénomène est très inquiétant et nous devons en prendre la pleine mesure. Je n'oublie pas aussi l'importance, sur ces sujets, du sentiment anti-occidental, souvent couplé au nationalisme. Comment ne pas voir qu'il se renforce un peu partout en ce début de XXIe siècle ? Et qu'il est souvent, l'homosexualité étant dénoncée comme un « vice de l'Occident », l'un des plus efficaces carburants de l'homophobie ? J'évoque aussi, dans ces pages, le poids du paramètre religieux. La sécularisation fait toujours l'affaire des LGBT+, en tout cas en terre monothéiste. Et rien ne les menace davantage que les régimes à fondement théologique.

Il faut toujours dire d'où l'on parle. Ma position est celle d'un ambassadeur de France, qui défend les valeurs de la République. Mon logiciel est celui des droits de l'Homme. Le droit au respect de la vie privée et le droit de ne pas être discriminé en font partie. Ces droits sont universels. Tous les pays se sont engagés à les respecter. Tous se sont engagés à en rendre compte. Il ne s'agit pas de demander des droits nouveaux ou spécifiques. Mais l'application à tous, y compris aux personnes LGBT+, de ces droits humains internationalement reconnus. Je suis conscient qu'il existe d'autres manières de s'engager pour les personnes LGBT+. Pour certains, cet engagement s'inscrit dans un combat radical contre le système. Il implique de militer également contre toutes les dominations et suppose une convergence des luttes avec le mouvement antiraciste et le mouvement féministe. Pour d'autres, il est un combat pour défendre la spécificité culturelle de nos sociétés, leur identité et leur histoire. D'autres encore mènent la bataille depuis leur famille religieuse. Ils appellent à un effort d'interprétation des Écritures, à une réconciliation de la spiritualité et du progrès. Je respecte toutes ces approches. Elles font partie du débat démocratique. Mais mon combat est celui des droits humains. Mon expérience me montre que seule cette référence, parce qu'elle est la grammaire commune de la majorité des nations, est capable de convaincre les gouvernements et les populations. Ce travail de conviction est difficile, parfois périlleux. C'est celui que j'ai choisi et que je mène.

Sans doute ma position m'amène-t-elle aussi à porter une attention prononcée aux politiques et aux lois. Je n'ignore pas que la condition LGBT+ est toujours vécue par des sujets concrets et singuliers, aussi sensibles au regard social qu'aux législations de leur pays. J'ai essayé, chaque fois que possible, de restituer cette dimension subjective, même si mon approche reste politique.

Dire d'où l'on parle, c'est dire aussi quel rapport on entretient avec la question que l'on s'efforce d'éclairer. Ni gay ni trans, je suis ce qu'on appelle un « allié » de la cause LGBT+. Un allié de toujours, convaincu que nous pouvons, c'est notre dignité d'homme, sympathiser avec toutes les expériences humaines. Comment ne pas se sentir concerné quand les deux tiers des 700 millions de personnes LGBT+ dans le monde sont réprimées ou persécutées, et que d'autres se battent chaque jour pour l'égalité ? La cause LGBT+ est l'affaire de tous. Elle ne sera gagnée que si tous la défendent, comme la lutte contre l'antisémitisme et le racisme, comme la cause des femmes. Cette idée fait que nous avons un monde commun.

On m'interroge parfois sur ce que l'avenir nous réserve. Ici ou là, dans ce livre, je me hasarde à donner quelques réponses. Je mentionne les régions du monde, voire les pays, dans lesquels le mariage pour tous pourrait se diffuser. Dans lesquels l'homosexualité pourrait être dépénalisée ou, au contraire, officiellement criminalisée. Mais ce ne sont que les fragments d'une pièce dont l'histoire générale nous échappe. Je m'abstiens de répondre sur le mouvement d'ensemble. Que pourrais-je en dire ? Le retour de bâton est-il destiné à durer ? Le progrès va-t-il reprendre son cours et gagner la majorité des pays ? Optimiste de nature, persuadé que le désir de liberté est profondément enraciné dans la nature humaine, j'ai la conviction que le progrès l'emportera. N'est-ce pas ce que montre l'Histoire prise sur le long terme ? Malgré les restaurations et les contre-révolutions, les libertés ne finissent-elles pas depuis deux siècles et demi par s'étendre progressivement ? Quant à cette démocratie illibérale qui nous fait si peur, n'est-elle pas qu'une parenthèse, une simple dissidence interne au sein de l'univers démocratique, plutôt qu'une rupture ? Mais la vérité est que nous ne savons rien de l'avenir de nos libertés. Nous avançons avec le sentiment, comme avant nous les générations qui nous ont précédés, de vivre dans un monde en crise permanente. Notre situation, comme toutes les situations historiques, est en réalité sans précédent et pleine d'incertitudes. Nous marchons toujours au milieu d'un paysage de tempête dans lequel nous ne savons pas où vont jaillir les éclairs ni tomber la foudre. La seule et vraie question est de savoir si nous sommes prêts à nous engager. Prêts à nous mobiliser pour nos libertés. La seule et vraie question est de savoir si nous avons le courage d'affronter l'adversité et d'agir. Écrire ce livre n'aura pas été inutile s'il réussit au moins à transmettre ce « désir de liberté au milieu des orages[1] ».

1. Claude Lefort, « L'imaginaire de la crise », revue *Commentaire*, automne 1997, repris dans *Le Temps présent*, Belin, 2007.

REMERCIEMENTS

Que soient ici remerciés Luc Lévy, Charlotte Rotman, Olivier Rubinstein et Geneviève Quenum-Miraillet pour leur relecture attentive de ce livre et leurs conseils toujours éclairés. Merci également à Iva, Clémence et Hanah pour leurs encouragements tout au long de sa rédaction.

Ce livre décrit la condition LGBT+ dans le monde. Il ne raconte pas mon action d'ambassadeur ni n'expose des positions officielles. Ses analyses n'engagent que moi. Tenu par le devoir de réserve, je ne dévoile pas le contenu souvent sensible de mes discussions ni certaines missions sur lesquelles mes partenaires m'ont demandé la discrétion. Je préserve, quand tel est leur intérêt, l'anonymat de mes interlocuteurs. Les quelques références à mon action ne sont qu'un prétexte pour dépeindre le tableau des révolutions et contre-révolutions LGBT+ de ce début de XXIe siècle.

TABLE

Cet ouvrage a été achevé d'imprimer en septembre 2025
par CPI Brodard et Taupin à La Flèche
pour le compte des éditions Grasset
61, rue des Saints-Pères, 75006 Paris
info@grasset.fr

Mise en pages
PCA 44400 Rezé

PAPIER CERTIFIÉ

Grasset s'engage pour l'environnement en réduisant l'empreinte carbone de ses livres. Celle de cet exemplaire est de :
350 g éq. CO_2
Rendez-vous sur www.grasset-durable.fr

N° d'édition : 23693 – N° d'impression : 3062511
Dépôt légal : octobre 2025
Imprimé en France